Mitología persa

Fascinantes mitos de dioses, diosas, héroes y criaturas legendarias

Índice

INTRODUCCIÓN 1
PARTE I: MITOS RELIGIOSOS 4
PARTE II: BAKHTIYAR NAMEH 18
PARTE III: CUENTOS DEL *SHAHNAMEH*..43
VEA MÁS LIBROS ESCRITOS POR MATT CLAYTON 84
BIBLIOGRAFÍA..85

Introducción

El Imperio persa fue uno de los más poderosos del mundo antiguo. Los aqueménidas, entre 500 y 330 a. C., abarcaban una gran parte del suroeste de Asia central, incluidos lo que ahora son Irán y Afganistán, y partes del sur de Grecia, el este de Libia y Egipto, el Levante y parte del norte de la península de Arabia Saudita. Sin embargo, en su núcleo estaba la tierra que ahora es Irán, hogar de algunas de las culturas más antiguas del mundo.

En el tercer milenio a. C., lo que se convertiría en Persia quedó ocupado por personas que emigraron a esa zona desde la India. Estas personas se llamaban a sí mismos "arios", una palabra antigua en el idioma avéstico que denota este grupo cultural en particular y es la raíz del nombre moderno de Irán.

(Nota: el nombre de esta cultura antigua no tiene nada que ver con el Tercer Reich o la ideología supremacista blanca, la palabra fue apropiada para usos racistas por los europeos en el siglo XIX).

El antiguo pueblo ario mantuvo muchas de las prácticas y conceptos religiosos con los que estaban familiarizados en su antiguo hogar, y estos se integraron en la religión persa nativa del zoroastrismo, que se fundó c. 1500-1000 a. C. por Zaratustra (también conocido como Zoroastro), un hombre que supuestamente tuvo una visión de Ahura Mazda, el dios principal ario. El zoroastrismo es esencialmente dualista, postulando a Ahura Mazda (del persa medio "Ohrmazd") como un creador benéfico que compite con Angra Mainyu (persa medio "Ahriman"), un ser malvado cuyo propósito es estropear y destruir cualquier cosa hecha por Ahura Mazda. El zoroastrismo se convirtió en la religión oficial del estado persa. c. 600 a. C. y todavía se practica hoy en día, principalmente en Irán e India, donde es una religión minoritaria.

Las escrituras sagradas de Zoroastro son el repositorio principal de los antiguos mitos religiosos persas. Inicialmente, las enseñanzas zoroástricas se transmitían oralmente. Los primeros textos escritos parecen haber sido recopilados durante el Imperio sasánida (224-621 d. C.), pero la copia más antigua que se conserva es mucho más tardía, y data del siglo XIV. La colección principal de estos escritos se conoce como *Avesta* (a veces llamada *Zend-Avesta*), y contiene instrucciones para la realización de ceremonias religiosas, oraciones, instrucción moral, leyes sagradas y mitos sobre Ahura Mazda, Angra Mainyu y otros seres cósmicos sagrados que desempeñan papeles dentro de las tradiciones religiosas de Zoroastro. La primera sección de este libro está dedicada a los cuentos religiosos zoroástricos, tanto del *Avesta* como del posterior *Bundahisn*, otro importante documento sagrado zoroástrico.

Otra fuente principal del antiguo mito persa es el *Shahnameh*, que significa "cuentos de reyes". El *Shahnameh* fue compilado entre 997 y 1010 EC por el poeta persa Abdul Qasem Ferdowsi Tusi (c. 935 o 940 - c. 1019 o 1026, a menudo llamado simplemente "Ferdowsi"). En su forma original, el *Shahnameh* es un poema épico que relata la historia de los reyes persas, comenzando con los primeros gobernantes míticos y terminando con cuentos históricamente precisos sobre el Imperio sasánida. Estas historias están llenas de hazañas de reyes y héroes, las fechorías de demonios, batallas, dragones y extravagancias, lo que las convierte en una lectura animada. Los primeros cuentos del *Shahnameh* funcionan como historias que explican los orígenes de muchas actividades y prácticas humanas, atribuidas a la sabiduría y la inteligencia de los primeros reyes míticos. El recorrido termina con selecciones de la colección de historias de Ferdowsi, incluida "Las siete pruebas de Rostam", un relato extenso sobre las hazañas del más famoso e importante de todos los héroes persas antiguos, y su fiel corcel, Rakhsh.

Entre las historias sagradas del *Avesta* y el *Bundahisn* y los cuentos seculares del *Shahnameh* hay un extracto extendido del *Bakhtiyar Nameh*. El *Bakhtiyar Nameh*, que se compiló a finales del siglo VI o principios del VII d. C., consiste en una historia marco que narra la vida de Bakhtiyar, el personaje principal, entre las secciones de las cuales se intercalan nueve cuentos populares contados por Bakhtiyar al rey Azadbakht. Los lectores que estén familiarizados con la historia de Scheherezade y los cuentos de *Las mil y una noches* reconocerán esta estructura, ya que tanto Scheherezade como Bakhtiyar son personajes dentro de un marco narrativo que intentan salvar sus vidas contándole historias a un monarca que tiene la intención de matarlos. Sin embargo, este no es el único vínculo entre estas dos piezas de literatura. Los personajes del *Bakhtiyar Nameh*, particularmente el Rey Azadbakht, también aparecen en la colección posterior de *Las mil y una noches*.

Las raíces culturales del mito persa son profundas, se remontan a más de cinco mil años y se derivan de la cultura aria original en su tierra natal india, que luego fue trasplantada y transformada en la meseta iraní. El pensamiento religioso persa que surgió de la antigua cultura aria es rico por derecho propio y tuvo influencias importantes y duraderas en el judaísmo, el cristianismo y el islam. El mito sagrado persa ofrece otra mirada fascinante a cómo los seres humanos han entendido la estructura del universo y su lugar dentro de él, mientras que los cuentos seculares de héroes y reyes permiten escapar a una tierra que es a la vez mítica e histórica, en la que demonios y dragones siempre reciben su merecido, y el bien siempre gana.

Parte I: Mitos religiosos

El mito de Yima

El mito de Yima se conserva en la sección **Vendidad** *del texto sagrado de Zoroastro,* Zend-Avesta. *Como ocurre con muchas otras secciones del* Avesta, *esta historia se enmarca como un diálogo entre el buen dios Ahura Mazda y el profeta Zaratustra. La historia de Yima funciona como un mito de la creación y un mito de la inundación, ya que una vez que Yima terminó su trabajo de ampliar el mundo creado, Ahura Mazda le dice que salve a las personas, las plantas y los animales del inminente invierno apocalíptico. Además, la historia también establece a Zaratustra como una especie de sucesor de Yima, ya que Yima inicialmente rechaza el llamado de Ahura Mazda a ser legislador y profeta, deberes que se le confieren a Zaratustra al final del mito. (En la adaptación a continuación, el mito se presenta sin el encuadre zoroástrico).*

En su trabajo de ampliar el mundo creado, Yima recurre al poder de Spenta Armaiti. Los seis Spentas eran manifestaciones del poder de Ahura Mazda, y cada uno tenía diferentes cualidades. Spenta Armaiti era un aspecto femenino de lo divino y estaba asociado con la devoción religiosa, la devoción a la familia y la tierra. El mito también hace referencia a Vivahvant, una antigua deidad solar indo-iraní (Vivasvat en India) que se dice que es el padre de Yima.

Este mito menciona un lugar llamado Airyanem Vaejah, considerado el hogar antiguo y original del pueblo iraní. Aunque en el Avesta, *Airyanem Vaejah adquiere cualidades míticas, parece haber sido un lugar real. Se han propuesto muchas teorías sobre dónde estaba realmente Airyanem Vaejah, y aunque los estudiosos no están de acuerdo sobre una ubicación exacta, muchos están de acuerdo en que Airyanem Vaejah probablemente estaba en algún lugar de Asia central, tal vez en lo que ahora es Afganistán o Kazajstán.*

Cuando Ahura Mazda, el buen dios, había creado el mundo y había comenzado a poblarlo, fue a Yima, el buen pastor, y dijo: "Oh, Yima, hijo de Vivahvant, yo, Ahura Mazda, te pregunto: ¿Irás entre la gente a enseñarles mi religión?".

"Oh Ahura Mazda, no fui hecho para esta tarea. No puedo enseñarle a la gente su religión", dijo Yima.

"Muy bien", dijo Ahura Mazda. "Si no eres el maestro de mi religión, entonces ampliarás el mundo que he creado, y lo engrandecerás. Serás el protector y guardián de mi mundo".

"Eso lo haré con mucho gusto. Seré el protector y guardián de su mundo, y lo ensancharé y aumentaré. Mientras yo reine, no habrá enfermedad ni muerte, ni viento frío ni viento caliente".

"Bien". Ahura Mazda le dio a Yima un sello dorado y una lanza dorada.

Yima gobernó el mundo durante trescientos años, y al final de ese tiempo, Ahura Mazda miró hacia la tierra y vio que estaba llena de rebaños y manadas, pájaros y perros, y gente y llamas rojas ardientes.

Ahura Mazda luego fue a Yima y dijo: "Oh, Yima, hijo de Vivahvant, no hay más lugar en este mundo".

Entonces, Yima se dirigió hacia el sur, siguiendo el camino del Sol.

Golpeó la tierra con su sello dorado y la atravesó con su lanza dorada, diciendo: "¡Oh, Spenta Armaiti, oh Espíritu de la santa devoción, escúcheme! Ábrase. Estírese. ¡Haga más espacio para rebaños y manadas, pájaros y perros, personas y llamas rojas ardientes!".

Spenta Armaiti escuchó la oración de Yima, y la tierra se hizo más grande de lo que había sido, y ahora había más espacio para todas las criaturas.

Yima gobernó el mundo durante seiscientos años, y en ese tiempo, el mundo una vez más se llenó de rebaños y manadas, pájaros y perros, gente y llamas rojas ardientes.

Ahura Mazda miró hacia abajo y vio que el mundo que había creado estaba lleno y no tenía más espacio, entonces Ahura Mazda fue a Yima y dijo: "Oh, Yima, hijo de Vivahvant, no hay más espacio en este mundo...".

Entonces, Yima se dirigió hacia el sur, siguiendo el camino del Sol.

Golpeó la tierra con su sello dorado y la atravesó con su lanza dorada, diciendo: "¡Oh, Spenta Armaiti, oh Espíritu de la santa devoción, escúcheme! Ábrase. Estírese. ¡Haga más espacio para rebaños y manadas, pájaros y perros, personas y llamas rojas ardientes!".

Spenta Armaiti escuchó la oración de Yima, y la tierra se hizo más grande, y ahora había más espacio para todas las criaturas.

Yima gobernó el mundo durante seiscientos años, y en ese tiempo, el mundo una vez más se llenó de rebaños y manadas, pájaros y perros, gente y llamas rojas ardientes.

Ahura Mazda miró hacia abajo y vio que el mundo que había creado estaba lleno y no tenía más espacio, entonces Ahura Mazda fue a Yima y dijo: "Oh, Yima, hijo de Vivahvant, no hay más espacio en este mundo...".

Entonces, Yima se dirigió hacia el sur, siguiendo el camino del Sol. Golpeó la tierra con su sello dorado y la atravesó con su lanza dorada, diciendo: "¡Oh, Spenta Armaiti, oh Espíritu de la santa devoción, escúcheme! Ábrase. Estírese. ¡Haga más espacio para rebaños y manadas, pájaros y perros, personas y llamas rojas ardientes!".

Spenta Armaiti escuchó la oración de Yima, y la tierra se hizo más grande, y ahora había más espacio para todas las criaturas.

Llegó un momento en que Ahura Mazda convocó un consejo de todos los buenos yazatas, los ángeles que hacen la voluntad de Ahura

Mazda, y a este consejo también acudieron Yima y todos los mejores hombres de Airyanem Vaejah, a través del cual fluye el buen río Daiti.

Cuando todos estuvieron reunidos, Ahura Mazda dijo: "¡Escúcheme, oh Yima, buen pastor de la tierra! El invierno está llegando a la tierra y la cubrirá de nieve. Este invierno matará a dos tercios del ganado, y cuando la nieve se derrita, creará un torrente de aguas que se llevará todo.

"Oh Yima, hijo de Vivahvant, debe crear un lugar seguro para la gente y los rebaños, para los animales y las aves. Dele a ese lugar cuatro lados y haga que cada lado tenga la longitud de un estadio. Dentro de este lugar deposite la mejor gente y los rebaños. Que nadie se vea afectado por la enfermedad o la desgracia. Traiga semillas de plantas y cultivos y árboles, traiga perros y pájaros. Traiga fuegos ardientes rojos. Haga correr un arroyo por este lugar y construya viviendas y calles. Que en este lugar no haya conflictos ni enemistades, ni pobreza ni enfermedad, ni rencor ni falsedad. En este lugar, la comida siempre será abundante. Use la lanza de oro para guiar a todos en este lugar, y luego construya un muro alrededor, con ventanas que dejen entrar la luz".

Entonces Yima dijo, "Oh poderoso Ahura Mazda, ¿cómo voy a crear un lugar así?".

Ahura Mazda respondió: "Pisotea la tierra con tus pies y golpéala con tus manos, y la tierra se abrirá y te proporcionará el lugar".

Yima hizo lo que le ordenó Ahura Mazda. Hizo que el lugar tuviera sus lados con la longitud de un estadio, y trajo la mejor gente y rebaños, las semillas de plantas y cultivos y árboles, perros y pájaros, y fuegos ardientes rojos. Construyó viviendas y calles, y en ese lugar no había ni contienda ni enemistad, ni pobreza ni enfermedad, ni rencor ni falsedad, y la comida siempre abundaba. Luego, construyó una pared a su alrededor y puso ventanas en la pared para que entre la luz.

En este lugar seguro que hizo Yima, también están el Sol, la Luna y las estrellas, y para quienes habitan en este lugar, un año parece un día. Cada cuarenta años, las personas y los animales darán a luz gemelos, un niño y una niña, y todos dentro de este lugar vivirán la mejor vida.

Angra Mainyu y Zaratustra

El decimonoveno fargard *(sección o capítulo) del* Avesta *está dedicado a la historia de cómo Angra Mainyu y sus demonios intentaron matar a Zaratustra, pero se vieron obligados a huir debido a su santidad. Este fargard también contiene listas de invocaciones que se supone que ahuyentan a las fuerzas del mal y dan instrucciones detalladas para los rituales de sacrificio y purificación. (En este libro, se han truncado las listas de invocaciones y se han omitido las instrucciones relativas a los rituales).*

Este fargard también menciona al Saoshyant, cuyo nombre significa "el que trae beneficios". Según la creencia zoroástrica, el Saoshyant aparecerá en el fin del mundo y librará a la creación de todo mal, y vendrá del lago Zarah. Sin embargo, otra creencia zoroástrica afirma que habrá tres Saoshyants, uno por cada período de historia de tres mil años, durante el cual se desarrollará la lucha entre Ahura Mazda y las fuerzas del mal. Se desconoce la ubicación exacta del lago Zarah, pero algunos estudiosos lo ubican en el Afganistán actual.

Desde el lejano norte llegó Angra Mainyu, el Maligno, el rey de los demonios, y dijo: "¡Oh, Druj! ¡Ve y golpea al santo Zaratustra! Mátalo".

Y así, el Druj, que es el demonio Buiti, el demonio de la muerte, y una compañía de demonios fueron a cumplir las órdenes de Angra Mainyu.

Cuando Zaratustra vio que los demonios estaban allí para matarlo, recitó el Ahuna Vairya, la gran oración a Ahura Mazda.

Los demonios escucharon la oración de Zaratustra y huyeron consternados.

Los demonios fueron a Angra Mainyu y dijeron: "¡Oh, torturador! No podemos matar al santo Zaratustra. La muerte no tiene poder sobre él".

Zaratustra sabía que los demonios estaban conspirando para matarlo, vio esto dentro de su alma. Entonces, Zaratustra partió en busca de Angra Mainyu, y en el camino, recogió muchas piedras grandes, que le fueron proporcionadas por el santo Ahura Mazda.

Angra Mainyu vio que Zaratustra se acercaba con las grandes piedras en sus manos y dijo: "Oh Zaratustra, ¿adónde vas con esas grandes piedras en tus manos?".

Zaratustra respondió: "¡Oh maligno! ¡Oh Angra Mainyu! Voy a castigar todas tus malvadas creaciones. Golpearé a los demonios y al Nasu, el demonio de los cadáveres en descomposición. Derribaré la idolatría. Esto lo haré hasta la venida del santo Saoshyant, que nacerá de las aguas del lago de Zarah, que saldrá de las regiones del este".

"¡No golpees a mis demonios, oh Zaratustra! Tu padre era Pourushaspa y tu madre me adoraba. ¡Renuncia a la religión de Ahura Mazda y adórame a mí en su lugar, y te daré un gran regalo, uno tan grande como el que le di a Zahhak, y te convertirás en el gobernante de las naciones!".

Zaratustra respondió: "¡Nunca te adoraré, oh maligno! Nunca me apartaré de la verdadera religión de Ahura Mazda, aunque deba morir por ella".

"Muy bien. Entonces dime: ¿Cómo herirás a mis demonios? ¿Cómo acabarás con la idolatría? ¿Qué palabras usarás? ¿Cuáles serán tus armas?".

"Mis armas son el mortero, la copa y la bebida haoma sagrada. Y mis palabras son las palabras de Ahura Mazda. Con esas armas y palabras, derribaré y golpearé a tus demonios, porque fue Ahura Mazda quien creó el mundo. Con Amesha Spentas, lo trajo a la vida".

Entonces Zaratustra cantó el Ahura Vairya, y cuando terminó, se dirigió a Ahura Mazda, diciendo: "¡Oh, grande y bueno Ahura Mazda! ¡Enséñeme! Dígame cómo puedo derrotar al Angra Mainyu y a todos sus demonios. Dígame cómo puedo evitar que los Nasu contaminen el hogar de su pueblo fiel. Dime cómo puedo limpiar a las personas que se han vuelto inmundas y purificarlas de nuevo".

Ahura Mazda respondió: "Te diré cómo puedes hacer esto. Se hace mediante invocaciones".

"Invoca mi buena y santa religión.

Invoca a los Benditos Inmortales, los Amesha Spentas que gobiernan las siete regiones del mundo.

Invoca al firmamento del cielo, al tiempo ilimitado, y Vayu, que es el viento sagrado.

Invoca al viento y Spenta Armaiti, que vela por la tierra.

Invoca a mi *fravashi,* mi esencia sagrada, la esencia sagrada de Ahura Mazda, el más grande y más bendito de todos los seres.

Invoca a toda la creación, que yo, Ahura Mazda, he creado".

Entonces Zaratustra respondió diciendo: "Invoco a toda la creación que Ahura Mazda ha hecho.

Invoco a Mitra, el victorioso que está armado con grandes armas.

Invoco al santo Sarosh, que empuña un garrote para golpear a los demonios.

Invoco la santa palabra de Ahura Mazda.

Invoco al firmamento del cielo, al tiempo ilimitado, y Vayu, que es el viento sagrado.

Invoco al viento y Spenta Armaiti, que vela por la tierra.

Invoco la buena religión de Ahura Mazda, que es la única religión verdadera".

Entonces Zaratustra preguntó: "Oh, grande y bueno Ahura Mazda, ¿cómo haré el sacrificio? ¿Cómo purificaré a los impuros?".

Ahura Mazda entonces le dio a Zaratustra muchas buenas instrucciones para hacer el sacrificio y curar a los impuros, y cuando esto se hizo, Zaratustra alabó a Ahura Mazda e hizo muchas invocaciones para ahuyentar lo malo.

Cuando Angra Mainyu y los demonios vieron el sacrificio sagrado que Zaratustra había hecho y escucharon sus invocaciones, se volvieron locos y corrieron de un lado a otro.

Angra Mainyu gritó a todos los demonios: "¡Venid y reuníos! ¡Reúnanse en las puertas del infierno!".

Todos los demonios gritaron: "¡Reunámonos en las puertas del infierno!". Y corrió allí gritando: "¡Ha nacido el santo Zaratustra, hijo de Pourushaspa! ¡Él es la espada que nos hiere! ¡Él es la perdición de todo lo malo! ¡Él nos priva de nuestra adoración!".

Así, los demonios huyeron de las santas palabras y actos de Zaratustra.

La creación del mundo

Además del Zend-Avesta, los textos sagrados zoroástricos incluyen al Bundahisn*, una colección de escritos religiosos en persa medio que tienen que ver principalmente con la cosmogonía y la cosmología. El* Bundahisn *fue compilado en el siglo IX y relata la historia de la creación y la batalla entre el dios bueno Ohrmazd (Ahura Mazda) y el dios malvado Ahriman (Angra Mainyu). Existen dos versiones del* Bundahisn*, la recensión india más corta (o* Bundahisn menor*) y la recensión iraní más larga (o* Bundahisn mayor*).*

Como parte de su acto de creación, Ohrmazd crea seis Benditos Inmortales, que son avatares o manifestaciones de varios aspectos del propio Ohrmazd y de muchos otros espíritus divinos que ayudan en el trabajo de Ohrmazd y los Benditos Inmortales. Por supuesto, Ahriman hace lo mismo, aunque todos los seres que crea comparten su naturaleza maligna. Ohrmazd también regula la división del año, mes y día en el momento de su creación, y el acto de creación se efectúa mediante la realización de la ceremonia sagrada de Yazishn, un ritual complejo que todavía se realiza hoy en los templos de fuego zoroástricos.

La versión de la creación presentada aquí ha sido condensada del original encontrado en el Gran Bundahisn*, que contiene una gran cantidad de repeticiones y comentarios religiosos y filosóficos entretejidos en la relación de los eventos de la creación y la lucha entre Ohrmazd y Ahriman.*

Al principio, incluso antes de la existencia del tiempo, Ohrmazd vivía en regiones de luz. Ohrmazd era omnisciente y perfectamente bueno, y las regiones de luz en los cielos eran su morada. En las regiones de la oscuridad vivía Ahriman, y era malvado e inclinado a la destrucción. Ambas regiones de luz y oscuridad eran ilimitadas, y entre ellas estaba el Vacío.

Ahora, debido a que Ohrmazd era omnisciente, sabía de la existencia de Ahriman, a pesar de que sus dos moradas estaban separadas una de la otra. Ohrmazd sabía que cualquier cosa que creara, Ahriman intentaría destruirla, por lo que primero creó seres que existían solo en un estado espiritual, incapaces de moverse, incapaces de pensar, con cuerpos espirituales y no sólidos. Estos seres permanecieron en este estado durante tres mil años.

Ahriman no sabía nada de estos seres hasta que se elevó de su abismo y cruzó el Vacío hacia las regiones de luz. Ahriman vio la luz y la odió. Prometió destruirla, pero cuando intentó atacar la luz, descubrió que era más valiente y poderoso que él. Por lo tanto, Ahriman huyó a sus regiones de oscuridad, donde creó a los devs, seres malvados que compartían la malicia y el deseo de destruir de Ahriman. Ahriman reunió a su ejército de devs y con ellos asaltó las regiones de luz.

Cuando Ohrmazd vio a los seres que Ahriman había creado, sintió repulsión, los consideró corruptos y podridos. Pero cuando Ahriman vio los seres que Ohrmazd había creado, les pareció hermosos y encantadores, y los quiso para sí mismo.

Ohrmazd luego le dijo a Ahriman: "¡Oh, Maligno! ¡Escucha! Si ayudas a los seres que he creado y ofreces adoración, te daré la inmortalidad a ti y a los seres que has creado".

Ahriman respondió: "No haré eso. No ayudaré a los seres que has creado. No ofreceré adoración. Me opongo para siempre a ti y a tu creación. Cualquier cosa que crees, la alejaré de ti. Lo que sea que crees, lo convenceré de que me ame a mí".

"No puedes destruirme, oh maligno, porque no eres omnipotente. Puedes dominar a mis criaturas por un tiempo, pero al final, todas regresarán a mí". Entonces Ohrmazd pensó para sí mismo que a menos que estableciera un límite en la contienda entre él y Ahriman, continuaría para siempre, y sin ese límite, Ahriman podría corromper aún más lo que Ohrmazd había hecho y tomarlo como suyo.

Por lo tanto, Ohrmazd le dijo a Ahriman: "Limitaremos el período de nuestra lucha a nueve mil años".

Ahriman dijo: "Está bien. Acepto".

Ahora, Ohrmazd sabía que estos nueve mil años pasarían así: en los primeros tres mil, habría paz, y su propia voluntad dominaría. En los segundos tres mil, habría una mezcla de las voluntades de Ohrmazd y Ahriman, y en los últimos tres mil, Ahriman sería derrotado y las criaturas de Ohrmazd vivirían en paz.

Entonces Ohrmazd pronunció el Ahuna Vairya y le mostró a Ahriman el progreso de su lucha y su eventual final con la destrucción de los devs y el triunfo de Ohrmazd y su creación. Entonces, cuando el Maligno escuchó las palabras del Ahuna Vairya, cayó de rodillas y regresó a sus regiones de oscuridad tan debilitado que no volvió a levantarse durante tres mil años.

En este tiempo antes de la creación del mundo, Ohrmazd no era Señor. Fue solo después de que él creó el mundo que existió su señoría. Antes que todas las demás cosas, Ohrmazd creó los yazads, esos espíritus que son la esencia de la bondad y cuya creación realzó el cuerpo y el señorío de Ohrmazd. Lo siguiente que creó Ohrmazd fue el tiempo. Lo hizo porque sabía que, sin tiempo para imponer un límite, las depredaciones de Ahriman continuarían para siempre. Al crear tiempo, Ohrmazd sabía que también estaba haciendo posible que Ahriman hiciera sus propias obras malvadas, pero que, sin el tiempo, los actos destructivos de Ahriman tampoco tendrían fin. Y la duración del tiempo desde la creación del mundo por Ohrmazd hasta la derrota final del Maligno es un lapso de doce mil años, y cuando ese lapso termine, la creación de Ohrmazd se unirá a él y vivirá con él para siempre en su morada donde el tiempo no tiene límites.

Cuando Ohrmazd creó sus criaturas, las formó a partir de la luz, haciéndolas con fuego, que es ligero y brillante y se puede ver desde lejos. Pero cuando Ahriman creó sus criaturas, las formó de oscuridad, haciéndolas pecaminosas, corruptas y deformes. Ohrmazd también creó espíritus para ayudarlo en su creación, espíritus que son manifestaciones de Ohrmazd y son parte de él. El primero de estos espíritus fue Vohuman (Buen Pensamiento). La primera de las criaturas de Ahriman fue Mitokht (Falsedad), y la segunda fue Akoman (Pensamiento Maligno).

Ahora, mientras Ahriman permanecía insensible en su abismo, Ohrmazd creó el mundo físico.

Primero, Ohrmazd creó el cielo. Lo hizo de acero y diamante, y su corona tocaba las regiones de luz infinita. Luego, Ohrmazd creó el agua, y esa agua lo ayudó a crear el viento y la lluvia. Ohrmazd sacó del agua la tierra, y al principio, era plana y sin rasgos distintivos, pero fuera de la tierra, Ohrmazd hizo que las montañas crecieran y colocó dentro de ellas metales, gemas, piedras y otras cosas buenas escondidas bajo la tierra.

Después de que Ohrmazd creó las montañas, hizo el primer árbol. Este árbol crecía en el centro mismo de la tierra y no tenía corteza, rama ni espina. Era el padre de todas las plantas y contenía la fuerza vital de todas las plantas. Una vez que se creó el árbol, Ohrmazd hizo los buenos animales.

En la orilla del río Daiti que atravesaba el medio de la tierra, Ohrmazd creó el Gav, el Toro Sagrado. El Gav tenía tres varas de altura en los hombros y era tan blanco y brillante como la luna llena. El agua y las plantas que Ohrmazd creó se las dio a Gav para que pudiera tener salud y fuerza. Al otro lado del río, Ohrmazd creó a Gayomard, el padre de la raza humana, y le otorgó el don del sueño.

En el cielo, Ohrmazd colocó el Sol y la Luna. También fijó las estrellas en el firmamento y las transformó en constelaciones. Creó a los doce: el Carnero, el Toro, los Gemelos, el Cangrejo, el León, la Virgen, la Balanza, el Escorpión, el Centauro, el Capricornio, el Portador de Agua, el Pez y muchos más. Hizo las estrellas de diferentes brillos y dividió el cielo y el año en doce porciones.

Cuando llegue el momento de la última batalla con Ahriman, las estrellas descenderán de los cielos y lucharán del lado de Ohrmazd. Entre la tierra y el cielo, Ohrmazd hizo nubes y viento. De las nubes salió lluvia y también relámpagos.

Cuando Ohrmazd creó el mundo, lo hizo con la ayuda de seis Benditos Inmortales, y junto con el Santísimo Ohrmazd, hay siete Benditos Inmortales. Junto con Ohrmazd, los Benditos Inmortales luchan contra las fuerzas del mal, y los Benditos Inmortales son como reflejos de Ohrmazd.

El primero de los Benditos Inmortales es el mismo Ohrmazd, y para sí mismo, tomó a los seres humanos del mundo. El segundo Bendito Inmortal es Vohuman, y para sí mismo, tomó todos los buenos animales. Ardwahisht (la Mejor Verdad) es el tercer Bendito Inmortal, y para sí mismo, tomó el fuego. El cuarto Bendito Inmortal es Shahrewar (Dominio Deseable), y para sí mismo, tomó el metal. Spandarmad (Santa Devoción) es el quinto Bendito Inmortal, y para ella misma, tomó la tierra. Hordad (Totalidad) es el sexto Bendito Inmortal, y para ella tomó el agua. El séptimo Bendito Inmortal es Amurdad (Inmortalidad), y se quedó con las plantas. Con la ayuda de otros espíritus divinos, los Benditos Inmortales protegen el mundo y lo mantienen en equilibrio.

Por la voluntad de Ohrmazd, cada día se divide en cinco segmentos: mañana, mediodía, tarde, hora de ablución y amanecer. Cada segmento tiene un espíritu divino para velar por él. Ohrmazd hizo estas divisiones porque antes de la creación del mundo, todo estaba iluminado por un mediodía eterno.

Ohrmazd creó el mundo mientras realizaba la ceremonia sagrada de Yazishn con los Benditos Inmortales. Esto lo hizo en Rapithwin Gah, el mediodía.

Cuando terminó la ceremonia, y todo había sido creado, Ohrmazd se volvió hacia los *farohars* de los seres humanos, el aspecto del alma que siempre está en presencia de Ohrmazd, y dijo: "Te doy una opción: puedes asumir una forma material y así luchar contra el Druj, el demonio cuyo poder es de corrupción y muerte, para que puedas conquistar al Druj y así entrar en la vida eterna, perfecta, inmortal y sin adversario. ¿O quieres que te proteja para siempre de las fuerzas del mal?".

Los farohars sabían que Ahriman y sus demonios serían conquistados al final, por lo que acordaron asumir cuerpos materiales y así vivir en el mundo que Ohrmazd había creado hasta que llegara el momento en que pudieran recuperar sus cuerpos y volverse perfectos e inmortales.

Ahora, cuando Ahriman se dio cuenta de las creaciones de Ohrmazd, se despertó de su estupor, junto con todos los demonios que había creado, atacó primero el cielo, tratando de derribarlo y arrastrarlo debajo de la tierra, y todo se volvió oscuro como la noche. Ahriman y sus demonios atacaron las aguas, ensuciándolas y volviéndolas impuras. Liberó sobre la Tierra todo tipo de criaturas viles: dragones, serpientes, sapos, insectos que pican y muchas otras clases de cosas venenosas y nocivas para que ningún lugar de la Tierra estuviera libre de ellas. Ahriman fue al primer árbol y lo envenenó para que se marchitara y muriera. Fue a Gav y Gayomard y soltó sobre ellos todo tipo de vicios y sufrimientos. Así es como llegaron al mundo la codicia, la pobreza, las enfermedades, el hambre y otros males.

Cuando Ohrmazd vio que Ahriman atacaría a Gav, le dio una medicina curativa para protegerlo y aliviar su sufrimiento. Pero incluso con esa medicina, Gav se debilitó y murió. Para proteger a Gayomard, Ohrmazd lo arrojó a un sueño profundo, y cuando Gayomard se despertó, encontró al mundo sumido en la más profunda oscuridad. Las estrellas estaban en guerra con los demonios y toda la creación se sumió en el caos.

Al ver las cosas que Ohrmazd había hecho ahora en caos, Ahriman atacó a Gayomard. Ahriman envió a Astwihad, el demonio de la muerte, y mil demonios más para matarlo, pero no importa cuánto lo intentaran, no pudieron matar a Gayomard, porque el momento de su muerte aún no había llegado.

Gayomard dijo: "Ahora que el Maligno ha despertado y ha venido a perturbar la Tierra, los seres humanos surgirán de mi semilla y poblarán el mundo, y harán muchas buenas obras".

Ahriman fue a continuación al fuego, ensuciándolo con humo y oscuridad. Los planetas y constelaciones lucharon con los demonios de Ahriman, y durante noventa días, los ángeles del cielo lucharon con los demonios de Ahriman, hasta que finalmente Ahriman y todos sus secuaces fueron derrotados y arrojados al infierno, que está en el centro del mundo.

Parte II: Bakhtiyar Nameh

Bakhtiyar Nameh *es una colección de historias compiladas por el autor persa Sams-al-Din Mohammad Daqayeqi Marvazi a principios del siglo VII. La colección incluye nueve cuentos que se intercalan dentro de una historia marco que cuenta la historia del príncipe Bakhtiyar, desde su nacimiento y abandono por parte de sus padres reales hasta su eventual reencuentro con su familia cuando era un adulto joven. Por lo tanto, la historia marco es parte del tropo del folclore común sobre el príncipe expósito, mientras que las historias centrales giran en torno a diferentes temas.*

La historia marco en Bakhtiyar Nameh *se desarrolla en las provincias de Sistan y Kirman. En la antigüedad, Sistan cubría la región que ahora incluye partes del este de Irán y el oeste de Afganistán a ambos lados del río Helmand, mientras que Kirman está en el centro-sur de Irán. Los cuentos que involucran al padre de Bakhtiyar, Azadbakht, también aparecen en la colección árabe conocida como* Las mil y una noches *o* Las noches de Arabia.

El Bakhtiyar Nameh completo es demasiado largo para ser presentado aquí en su totalidad, por lo que, a continuación, se contarán solo la historia marco y dos de los cuentos internos.

El nacimiento de Bakhtiyar

Hubo un tiempo en que el país de Sistán fue gobernado por un rey llamado Azadbakht, que tenía un visir llamado Sipehsalar. Sipehsalar era un hombre de gran fuerza y habilidad. Cuando empuñaba su cimitarra, incluso la Luna se escondía de miedo.

Sipehsalar tenía una hija, que era la joven más bella de todo el reino, con el pelo negro azabache perfumado con todas las especias de Arabia. La rosa roja más perfecta se vería gris y pálida al lado de la hija de Sipehsalar, que eclipsaba a todas las demás como el sol del mediodía hace con la luna.

Sipehsalar amaba a su hija en exceso, hasta el punto de que no podía soportar estar más de una hora sin ella. Llegó un momento en que Sipehsalar tuvo que hacer un recorrido de inspección por el campo, para ver en qué estado se encontraba el reino y cómo le estaba yendo a su gente, y para asegurarse de que los gobernadores de las distintas provincias estuvieran ejecutando sus cargos justamente. El viaje se prolongó y siguió, y pronto Sipehsalar se sintió angustiado por la cantidad de tiempo que pasaba lejos de su casa y su familia. Por lo tanto, convocó a dos mensajeros y los envió a su casa para buscar a su hija y llevarla a su padre para que ella pudiera acompañarlo en el resto de su viaje.

Los mensajeros se apresuraron a regresar a la capital. Fueron a la casa de Sipehsalar y le dijeron a la joven que su padre deseaba que se uniera a él mientras recorría el país. Ella accedió al pedido y, luego de empacar las cosas que necesitaría para ella, se metió en el palanquín que había sido preparado para trasladarla al lugar donde se alojaba su padre.

Sucedió que mientras los mensajeros y la hija de Sipehsalar se dirigían a encontrarse con su padre, el rey Azadbakht cabalgaba hacia ellos en su camino de regreso a la ciudad después de haber pasado el día cazando.

Cuando el rey se acercó, los mensajeros desmontaron de sus caballos y se postraron en el suelo ante él, diciendo: "Dios lo salve, oh rey, y le conceda una vida larga y próspera".

"Ustedes son los mensajeros de Sipehsalar, ¿verdad? Cuando se reúnan con él, denle mis saludos y díganle que espero con gran interés los resultados de su inspección", dijo el rey.

Los mensajeros prometieron hacer lo que el rey les ordenó.

El rey luego reanudó su viaje de regreso a casa, pero justo cuando pasaba por el palanquín, una brisa que pasaba levantó la cortina, revelando a la hermosa joven sentada dentro. El rey vio a la hija de Sipehsalar e inmediatamente su corazón se encendió con el amor más ardiente.

El rey se dirigió a los asistentes que lo habían acompañado en la cacería y dijo: "Acompañen a esta joven de regreso a la ciudad y asegúrense de que esté alojada en el mayor confort de mi palacio". Entonces Azadbakht dijo a los mensajeros: "Les doy una nueva tarea: regresen a Sipehsalar y díganle que tengo la intención de hacer de su hija mi esposa y espero ser digna de ella y de mi futuro suegro".

Los mensajeros de Sipehsalar se postraron nuevamente y dijeron: "¡Oh gran rey, que Dios le conceda una larga vida y riquezas sin medida! ¡Que su trono sea una luz para el mundo y sus palabras sean siempre sabias! Sipehsalar seguramente se considerará como el padre más afortunado. Le pedimos que nos permita llevar a la hija de Sipehsalar a su padre. Allí le transmitiremos su voluntad para que tenga tiempo de prepararse para la boda, como corresponde a su majestad real".

"¿Qué? ¿Te atreves a desafiarme? No, irás a Sipehsalar como te he mandado, y yo mismo acompañaré a su hija de regreso a la ciudad". El rey tenía muchas ganas de castigar a los mensajeros por su temeridad, pero se detuvo porque no quería que la hija de Sipehsalar lo considerara cruel.

Los mensajeros siguieron su camino para llevar las noticias del rey a Sipehsalar, y el rey y su séquito regresaron a la ciudad con la hija de Sipehsalar, quien fue llevada al cuartel de mujeres, y recibida con gran honor.

Por la mañana, el rey Azadbakht convocó a todos sus principales consejeros y a los principales jueces de su reino.

"Tengo la intención de casarme con la hija del visir Sipehsalar, y deseo conocer sus pensamientos al respecto", dijo.

Todos y cada uno de los asesores y jueces le dijeron al rey que era un partido de lo más auspicioso y que los preparativos para la boda deberían comenzar de inmediato. Para ello, redactaron un decreto anunciando el matrimonio y las ceremonias que se iban a celebrar para solemnizarlo. Luego, el rey dictó una carta anunciando su matrimonio y pidió a sus secretarios que hicieran muchas copias que pudieran llevarse a todos los rincones de su reino, para que su gente pudiera conocer su felicidad y regocijarse con él. A Sipehsalar, el rey le escribió de su propia mano, diciendo lo honrado que se sentía de tener una novia así y esperando que Sipehsalar bendijera la unión y se regocijara junto a él.

Cuando Sipehsalar recibió la carta del rey, sintió cualquier cosa menos alegría. Más bien, lloró lágrimas amargas al saber que su amada hija le sería arrebatada y que se convertiría en la esposa del rey. Las lágrimas de Sipehsalar no eran solo de dolor, también eran lágrimas de ira, porque el rey ni siquiera había tenido la decencia de permitir que la hija de Sipehsalar viera a su padre por última vez antes de que se la llevaran, ni había tenido la decencia de pedir la mano de la joven antes de publicar el decreto de matrimonio.

Sin embargo, Sipehsalar había servido al rey durante muchos años y era un hombre sabio y diplomático. Escribió una respuesta al rey que hablaba exteriormente de su alegría, y de su esperanza de que la unión fuera larga y feliz, pero en su corazón, Sipehsalar estaba tramando venganza. Aún quedaban muchos meses en su recorrido de inspección, y juró usarlos bien para sembrar semillas de desconfianza y sedición contra el rey y unir a los hombres poderosos del reino a su lado.

Finalmente, Sipehsalar consideró que sus planes ya estaban listos y convocó a todos los generales del ejército a un consejo. Primero, hizo que los generales hicieran un juramento secreto, y luego se aseguró de que cada uno de ellos estuviera dispuesto a apoyar cualquier cosa que Sipehsalar les dijera que era necesario hacer.

Los generales prestaron juramento y aseguraron a Sipehsalar su lealtad, por lo que Sipehsalar dijo: "Habéis oído hablar de la forma cobarde en que el rey Azadbakht tomó a mi hija por esposa. La sacó de la carretera como un bandido y cabalgó de regreso al palacio con ella como si fuera un botín. ¿Qué hice para merecer este insulto? Solo le he prestado mi leal servicio desde el primer día, pero se marcha con mi hija sin ni siquiera un permiso".

Todos los generales estuvieron de acuerdo en que el rey había actuado muy mal con Sipehsalar y le preguntaron cómo podían ayudar.

"Reúnan a todos sus hombres. Ármenlos. Y cuando todo esté listo, atacaremos a Azadbakht y lo destituiremos como el canalla que es", dijo Sipehsalar.

El Sipehsalar abrió su tesoro y pagó grandes sumas de dinero a los generales para que pudieran preparar sus ejércitos para el asalto a Azadbakht.

Se necesitó muy poco tiempo para reunir al ejército y marchar hacia la capital de Azadbakht, y mucho menos para que el ejército abriera una brecha en las murallas y se extendiera por las calles. Lo hicieron en la oscuridad de la noche.

Azadbakht se despertó con los gritos de los muertos y el choque de armas. Miró por la ventana y vio que su ciudad estaba siendo atacada por todos lados.

"¿Qué debemos hacer?" Azadbakht preguntó a su reina. "Este ejército tomará la ciudad antes del amanecer, y poco después tendrán mi cabeza en una pica".

"Volemos tan rápido como podamos. Seguramente hay algún otro príncipe amistoso que nos dará la bienvenida en nuestro momento de necesidad", dijo la reina.

Azadbakht estuvo de acuerdo en que este era el camino más sabio, por lo que él y la reina se prepararon rápidamente para viajar al reino de Kirman, cuyo gobernante siempre había estado en buenos términos con Azadbakht. El rey ordenó ensillar los caballos. Luego se puso la armadura y se ciñó la espada antes de tomar una gran cantidad de gemas y oro de la tesorería para que él y la reina pudieran comprar lo necesario en su huida. Una vez que el rey y la reina estuvieron montados en sus caballos, se dirigieron a un pasaje subterráneo secreto que conducía fuera de la ciudad hacia el desierto.

El rey y la reina viajaron durante el resto de la noche y durante el día siguiente. Estaban cansados y sedientos, pero siguieron adelante hasta llegar a un pozo que parecía contener agua. Cuando el rey sacó un poco de agua, descubrió que era salobre y sucia y de ninguna manera apta para beber. Pero este no fue el final de sus problemas: la reina había estado encinta durante los nueve meses anteriores, y el miedo y las dificultades de su viaje le provocaron dolores de parto.

"Esposo mío, sal de este lugar y busca agua. Mis dolores están aumentando, y no sería adecuado que el rey muriera de sed como un plebeyo. Mi propia vida no importa. Sálvate, pues tú eres el rey", dijo la reina.

"Eso no lo haré, porque nada en este mundo me es más querido que mi amada esposa. Con mucho gusto dejaría a un lado mi trono y todas mis riquezas para tenerte a mi lado. No, nos quedamos juntos, porque no sé cómo podría vivir sin ti", dijo Azadbakht.

Fue entonces cuando la reina gritó y pronto dio a luz a un niño. El niño era exquisitamente hermoso, superando incluso a la Luna en la belleza de sus rasgos. La reina lo acunó contra su pecho y comenzó a amamantarlo.

"Mi querida esposa, no se apegue al niño. No podemos llevarlo con nosotros. No tenemos suficiente comida ni agua para mantenernos los tres. Debemos dejarlo atrás y esperar que Dios envíe gente buena en su ayuda, que lo amará y lo criará como si fuera suyo", dijo el rey.

Luego, el rey tomó a su hijo recién nacido y lo envolvió en una tela ricamente bordada en oro. Luego puso un brazalete hecho de diez perlas grandes alrededor del cuello del niño. Con el corazón lleno de angustia, el rey y la reina montaron en sus caballos y se alejaron, mientras encomiaban a su hijo pequeño al cuidado del Todopoderoso.

Cuando Azadbakht y su reina llegaron a la ciudad principal de Kirman, el rey de Kirman envió músicos y sirvientes para dar la bienvenida a sus invitados y llevarlos en gran honor a su palacio. El rey de Kirman ordenó que se celebrara un gran banquete y envió a su hijo y a otros dos sirvientes a atender a Azadbakht y a la reina, para asegurarse de que no les faltara nada.

El banquete fue un evento espléndido, con todo tipo de buena comida y buen vino, y música deliciosa interpretada por los músicos de palacio. Aunque Azadbakht estaba muy agradecido por la hospitalidad del rey, nada pudo aliviar el dolor por su hijo y la pérdida de su reino, y no pudo ocultar sus lágrimas.

"¿Por qué llora, oh huésped mío, que es el más bienvenido de todos en mi casa? He aquí una fiesta en su honor y música para deleitarlo. ¿Qué razón tiene para llorar?" preguntó el rey de Kirman.

"Oh, mi más real anfitrión, verdaderamente su hospitalidad es ilimitada y sin comparación. Pero no puedo regocijarme cuando me han quitado mi reino y un enemigo se sienta en mi trono", dijo Azadbakht.

El rey de Kirman luego le pidió a Azadbakht que contara toda su historia, y cuando el rey lo escuchó todo, sintió una profunda compasión por su invitado. Ordenó a sus músicos y sirvientes que divirtieran a Azadbakht y su reina durante todo el día, para ayudarles a alejar sus mentes de sus penas.

Por la mañana, reunió a su ejército.

El rey de Kirman le dijo a Azadbakht: "Mira, oh mi huésped más real, he reunido a mi ejército para usted. Le pido que lo lleve hasta su capital y deponga al usurpador de su trono".

Azadbakht le dio las gracias al rey de Kirman y luego condujo al ejército de regreso a Sistan.

Cuando Sipehsalar vio que Azadbakht se acercaba al frente de un poderoso ejército, huyó asustado, mientras que la gente de Sistan se inclinó ante Azadbakht y le suplicó perdón y misericordia.

Azadbakht los perdonó a todos y ascendió a su trono, desde donde gobernó con gran justicia y misericordia. Pagó generosamente a los soldados del Rey de Kirman y luego los envió de regreso a Kirman, cargados con muchos obsequios preciosos para dar a su rey.

El reino de Sistan era pacífico y próspero bajo el gobierno de Azadbakht, pero el rey y la reina nunca podrían olvidar a su pequeño hijo, a quien habían abandonado en ese solitario pozo en el desierto. Ambos estaban convencidos de que debía haber sido devorado por bestias salvajes poco después de que lo dejaran, y a pesar de todo el éxito del reinado de Azadbakht, sus corazones estaban siempre apesadumbrados y de luto por su querido hijo.

Bakhtiyar y los bandidos

Poco sabían Azadbakht y su reina que poco después de haberse alejado del pozo, llegó una banda de ladrones que escucharon los lamentos del bebé. El líder de los ladrones se llamaba Firokh Suvar, y cuando levantó al niño fue cautivado por su gran belleza.

"Miren a este niño", les dijo a sus seguidores. "Seguramente es hijo de una gran y poderosa persona. ¿Ven lo hermoso que es? Y miren, está envuelto en una tela de oro y tiene un brazalete de diez perlas alrededor del cuello".

"¿Qué vas a hacer con él?" preguntó uno de los ladrones.

"Lo conservaré y lo criaré como si fuera mío. No tengo hijos y siempre he deseado tener uno. Lo llevaremos con nosotros y lo llamaremos Khodadad".

Firokh llevó al bebé a su casa, donde encontró una nodriza para que lo atendiera. El niño creció y prosperó bajo el cuidado de Firokh y la enfermera, y cuando tuvo la edad suficiente, Firokh le enseñó todas las cosas que un hombre debe saber, como la equitación y el manejo de armas. El muchacho era tan fuerte e inteligente que cuando cumplió los quince años, ni siquiera un ejército de quinientos hombres podía enfrentarse a él.

Firokh amaba profundamente a Khodadad y llevaba al niño con él a todas partes. Sin embargo, Khodadad se negó a ayudar a su padre y a su banda de ladrones a saquear una caravana. Khodadad sintió lástima por la gente de la caravana y encontró desagradable el bandidaje. Firokh estuvo de acuerdo en que Khodadad no necesitaba participar en el ataque, pero insistió en que fuera y esperara cerca hasta que se completara el saqueo.

Un día, Firokh llevó a su banda a atacar una caravana cercana y, como era habitual, Khodadad fue con ellos, pero esperó a un lado mientras los bandidos hacían su trabajo. Sin embargo, esta vez, Firokh y su banda fueron superados en número, y los hombres de la caravana contraatacaron con tal ferocidad que muchos de los ladrones murieron y muchos otros fueron tomados como prisioneros. Durante la batalla, Firokh resultó herido y estaba a punto de ser tomado prisionero cuando Khodadad llegó a su rescate. Khodadad luchó con valentía y estaba a punto de rescatar a Firokh cuando se cayó de su caballo y él mismo fue tomado prisionero. Khodadad, Firokh y los otros ladrones que habían sido capturados fueron encadenados y marcharon a la ciudad capital de Sistan, donde fueron llevados ante el rey Azadbakht para ser juzgados.

Cuando Azadbakht vio a Khodadad, su corazón se llenó de amor, porque pensó: *¡Seguramente el niño que abandoné en el pozo sería un joven como este, si todavía estuviera vivo!*

Entonces Azadbakht le dijo a Khodadad: "Da un paso adelante y dime tu nombre".

"Oh soberano más real, mi nombre es Khodadad".

"¿Por qué un joven con tanta fuerza y belleza como la tuya debería saquear una caravana y robar cosas que pertenecen a otros?".

Khodadad respondió: "Oh, real soberano, es cierto que estuve allí, pero es falso que le robé algo a alguien, y Dios mismo conoce mi inocencia".

Azadbakht indultó a Khodadad en ese mismo momento y ordenó que le quitaran las cadenas.

Luego le dio al niño su propia capa y dijo: "Nunca más te llamarán Khodadad. A partir de hoy, serás conocido como Bakhtiyar, y la fortuna será tu amiga a partir de ahora".

Entonces Azadbakht dijo a los ladrones capturados: "Les concedo el perdón con dos condiciones. Una es que nunca más se involucren en el bandidaje. La otra es que entren a mi servicio. Si hacen ambas cosas, serán recompensado generosamente".

Los ladrones estuvieron de acuerdo, y desde ese momento en adelante, sirvieron al rey, y las caravanas atravesaron el país de Sistán sin ser molestadas.

Azadbakht puso a Bakhtiyar a cargo de los establos reales, y el joven cumplió tan bien con sus deberes que pronto todos los caballos estaban relucientes y gordos. Cuando el rey preguntó cómo sus caballos habían evolucionado tan bien, le dijeron que era gracias al cuidado de Bakhtiyar.

Azadbakht envió a buscar a Bakhtiyar y le dijo: "Has administrado mis establos tan bien que creo que se te puede confiar algo de mayor importancia. Aquí están las llaves de mi tesoro. Ahora eres el guardián de mi tesoro".

Bakhtiyar se postró ante Azadbakht y prometió hacer todo lo posible para cumplir con sus deberes con honestidad y discreción.

En la gestión de la tesorería del rey, Bakhtiyar demostró ser tan hábil como lo era cuidando de los caballos. Azadbakht pronto llegó a confiar en los buenos consejos del joven y, con el tiempo, el rey no celebraría audiencias con ninguna persona a menos que Bakhtiyar pudiera estar allí para asesorarlo.

Los diez visires

Azadbakht también tenía diez visires que lo servían. Estos visires habían visto el ascenso de Bakhtiyar y ardían de envidia. Por lo tanto, se reunieron en consejo y acordaron que buscarían una oportunidad para lograr la caída en desgracia de Bakhtiyar, e incluso su muerte, si era posible.

Los visires observaron y esperaron, y finalmente, su paciencia se vio recompensada cuando una noche, Bakhtiyar pasó la noche bebiendo. Bebió tanto vino que casi perdió el conocimiento, y cuando salió del tesoro con la intención de ir a sus aposentos, se perdió y vagó por el palacio hasta llegar al dormitorio del rey. Bakhtiyar abrió la puerta y vio una especie de trono y muchos cojines y cortinas de seda en una habitación iluminada por muchas velas. Al ver solo una habitación cómoda y sentir los efectos del vino, Bakhtiyar entró, se sentó en el trono y se durmió de inmediato. Algún tiempo después, Azadbakht entró en la cámara, pensando en descansar. Estaba furioso al encontrar a Bakhtiyar sentado en su silla, profundamente dormido.

"¡Cómo te atreves a entrar en mis apartamentos privados! ¡Explícate de inmediato!" gritó el rey.

Bakhtiyar todavía estaba muy intoxicado, por lo que el único efecto que tuvieron los gritos del rey fue despertar a Bakhtiyar del sueño lo suficiente como para que se cayera de la silla. Pero incluso entonces, estaba demasiado borracho para darse cuenta de su peligro. En cambio, simplemente rodó debajo del trono y se volvió a dormir.

Azadbakht luego pidió a los sirvientes que retiraran a Bakhtiyar, lo encadenaran y lo arrojaran al calabozo. Luego, el rey desenvainó su espada y entró en los aposentos de las mujeres, donde exigió que la reina explicara cómo se encontró a Bakhtiyar en el dormitorio real.

"Oh mi rey y oh mi esposo, no tengo conocimiento de esto", dijo la reina.

"Ahórrame tus mentiras. No hay forma de que hubiera podido entrar en esa cámara sin tu ayuda".

"Oh mi rey, le digo que no tengo conocimiento de esto, y si desea una prueba de mi inocencia, manténgame encerrada aquí hasta que pueda establecer la verdad del asunto".

Por la mañana, Azadbakht convocó a los diez visires. Les contó lo que había sucedido la noche anterior y les pidió consejo sobre lo que se debía hacer.

Un visir se dio cuenta de que esta era la oportunidad que él y sus compañeros habían esperado, y por eso dijo: "¿Qué esperaba, oh mi rey y oh mi señor real, cuando trajo a su servicio a un grosero de baja cuna que además había sido criado por bandidos? Tuve mis dudas sobre él desde el principio, pero me contuve la lengua porque su gloriosa majestad parecía encantado con el chico. Pero ahora su verdadera naturaleza se ha manifestado, y debe castigarlo en consecuencia".

Azadbakht luego ordenó que llevaran a Bakhtiyar ante él.

Cuando el joven estuvo de pie ante el rey encadenado, Azadbakht dijo: "¿Qué tienes que decir por ti mismo? Yo, por mi parte, creo que eres el desgraciado más ingrato de todo mi reino. Te elevé a un alto cargo y te encomendé deberes vitales, pero al final, me traicionaste al colarte en mis apartamentos privados. ¡Habla! Explícate".

"Oh mi rey y oh mi real maestro, realmente estoy agradecido por todo lo que me ha dado, y todo lo que tengo que decir por mí mismo es que no recuerdo cómo llegué a sus aposentos. Le pido perdón a su majestad y misericordia por lo que hice, ya que no sabía lo que estaba haciendo y no pretendía hacer daño", dijo Bakhtiyar.

Entonces, el primer visir solicitó el permiso del rey para ir a los aposentos de las mujeres y preguntar qué sabía la reina de estos eventos, y Azadbakht dio su consentimiento.

El visir fue ante la reina y dijo: "Oh mi reina, seguramente conoce la entrada de Bakhtiyar en las cámaras reales anoche, y seguramente sabe que el rey la acusa de haberle dado entrada. Su majestad está muy enojada con usted, y la única forma en que puede salvarse de su venganza es decirle que Bakhtiyar entró en los aposentos reales con la intención de violarla y con la intención de acabar con el rey y robar su trono. Si dice esto, el rey tendrá piedad de usted y ejecutará a Bakhtiyar por sus crímenes. Es la única forma de salvarse".

La reina se asombró ante este consejo y dijo: "¿Cómo puedo decir eso si sé que no es verdad? No seré la causa de la muerte de un hombre inocente".

"Bakhtiyar no es un hombre inocente, mi señora. Antes de que se levantara a favor del rey, era un bandido entre los bandidos, y su declaración simplemente le devolverá su destino justo".

El visir dio estos y muchos otros argumentos hasta que finalmente, la reina cedió y accedió a testificar contra Bakhtiyar.

Después de escuchar el testimonio de la reina, el rey ordenó que Bakhtiyar fuera devuelto a la prisión encadenado, donde debía esperar el castigo más aterrador que el rey pudiera otorgarle. Bakhtiyar fue debidamente arrojado al calabozo, y los visires fueron a sus casas regocijados de que su tiempo de venganza hubiera llegado por fin y pensando en formas en que podrían inducir al rey a ejecutar al joven.

La primera historia de Bakhtiyar: La historia del comerciante desafortunado

Al día siguiente, el segundo visir se paró ante el rey y dijo: "¡Oh graciosa majestad, que tenga una larga vida y que su reinado brille para siempre! Vengo a pedirle que ejecute a Bakhtiyar sin demora, ya que es vital que su majestad no sea vista como débil y vacilante".

"Muy bien. Pero primero, que lo traigan aquí para que pueda contarle su destino", dijo el rey.

En consecuencia, Bakhtiyar fue sacado de la prisión y pronto lo llevaron encadenado ante el rey.

"Estás aquí para que pueda pronunciar una sentencia sobre ti, porque es mi deseo que tu muerte sea un ejemplo para todos los demás que puedan albergar malos pensamientos contra mí o mi casa", dijo Azadbakht.

"Oh poderoso soberano, que Dios le conceda una larga vida y victorias ilimitadas sobre sus enemigos. Sé que es mi deber intentar salvarme de la horca, ya que sé que soy inocente y Dios también lo sabe. Pero, desafortunadamente, comparto la difícil situación del comerciante plagado de desgracias infinitas, de modo que todo lo que intentaba salía mal", dijo Bakhtiyar.

"No conozco este cuento. Cuéntemelo".

"Como su majestad desee. El cuento dice así... Un comerciante vivió una vez en la ciudad de Basora, y era inmensamente rico. Pero no importa qué negocio o comercio intentara, siempre fracasaba. Debido a esto, no pasó mucho tiempo antes de que toda su riqueza se agotara y estuviera al borde de la ruina.

Cuando el comerciante vio lo poco que le quedaba de dinero, decidió invertirlo en un almacén de grano, que tenía la intención de conservar hasta el año siguiente para poder vender con ganancias. Compró debidamente el grano y lo almacenó en un granero, pero al año siguiente, la cosecha fue mejor de lo habitual y, como resultado, el precio del grano cayó. Por lo tanto, el comerciante decidió mantener su grano en almacenamiento y esperar a ver qué traería el año siguiente. Pero ese invierno, hubo tanta lluvia que la ciudad se inundó, incluido el almacén donde el comerciante guardaba su grano, por lo que el grano se pudrió y hubo que tirarlo.

Después de un tiempo de luto por esta desgracia, el comerciante decidió vender su casa y unirse a una compañía de comerciantes que navegaban hacia una tierra lejana con la esperanza de encontrar fortuna allí. Pero en el viaje, estalló una tormenta y el barco se hundió. Muchos de los que iban a bordo se ahogaron, pero el comerciante se encontraba entre los pocos afortunados que lograron aferrarse a una tabla y llegar a tierra.

Hambriento y sediento, con la ropa hecha jirones, el comerciante vagó tierra adentro. Había caminado algunos kilómetros por el desierto cuando vio a un hombre a la distancia. El comerciante se animó, porque donde había un hombre, podría haber otros, y tal vez hubiera alguien que pudiera ayudarlo. Entonces, el comerciante caminó hacia el hombre y pronto vio que había un pueblo cercano. El jefe de la aldea, o dikhan, se había construido una pequeña casa de verano a las afueras de la aldea, y resultó que estaba allí cuando llegó el comerciante, y así vio al pobre desgraciado andrajoso. El dikhan luego les dijo a sus sirvientes que buscaran al hombre y lo llevaran a la casa de verano, donde el dikhan preguntó qué le había sucedido y lo acomodó y le brindó comida y bebida. El dikhan estaba tan conmovido por la historia de aflicción del comerciante que le dio al comerciante algunas de sus ropas y le pidió que se quedara como invitado hasta que su fortuna pudiera revertirse.

El dikhan puso al comerciante a cargo de sus campos de grano, diciendo que cuando llegara la cosecha, el comerciante podría quedarse con una undécima parte. El comerciante estaba complacido y agradecido y trabajó diligentemente para asegurarse de que las cosechas estuvieran bien atendidas. Toda su diligencia valió la pena, porque cuando llegó la cosecha, resultó más abundante de lo habitual.

El comerciante hizo un recuento de la cosecha y descubrió que la parte que le prometió el dikhan era bastante sustancial.

Seguramente, no pretendía darme tanto, pensó el comerciante. *¿Y si decide no cumplir su palabra?*

Por lo tanto, el comerciante tomó una undécima parte del grano y lo escondió, pensando en devolverlo al dikhan si realmente cumplía su promesa. El comerciante escondió esa undécima porción de grano en una cueva cercana, pero fue descubierta por un ladrón, que se lo robó todo.

Cuando el dikhan hizo su contabilidad de la cosecha, apartó una undécima parte para el uso del comerciante. El comerciante luego confesó que había dudado de la honestidad del dikhan y que ya había escondido una undécima acción en una cueva. El dikhan envió debidamente a algunos de sus sirvientes para recuperar esa reserva de grano, pero cuando llegaron a la cueva, encontraron que había desaparecido. Regresaron apresuradamente al dikhan y le contaron lo que habían visto, después de lo cual el dikhan se volvió hacia el comerciante y dijo: '¡Miserable ingrato! ¡No solo dudas de mi palabra después de toda mi ayuda, sino que me robaste la undécima parte de una buena cosecha! ¡Sal de aquí! Te vas como viniste, sin nada. No vuelvas nunca más a mi pueblo'.

El comerciante abandonó el pueblo y se dirigió hacia la orilla del mar, lamentando su desgracia y preguntándose cómo podría salvarse. Cuando llegó a la orilla, se encontró con seis hombres del pueblo que eran buscadores de perlas. El comerciante y los hombres se conocían, y cuando los buscadores preguntaron por qué el comerciante estaba tan abatido, les contó toda su triste historia.

'Oh, eso es tan desafortunado', dijo uno de los buscadores. 'Debemos ayudarte. Te traeremos todo lo que encontremos la próxima vez que salgamos en busca de perlas, para restaurar tu fortuna'.

Entonces, los buscadores se sumergieron en el agua, y cada uno sacó una hermosa perla y se la dio al comerciante. El comerciante estaba muy agradecido y siguió su camino con el corazón alegre, pensando en todas las formas en que podría usar las perlas para aumentar su fortuna.

Luego, el comerciante fue alcanzado por una banda de ladrones, que casualmente iban en la misma dirección. Deseando no perder la poca fortuna que ahora tenía, el comerciante se metió tres de las perlas en su boca y escondió el resto entre su ropa. Al principio, los ladrones no molestaron al comerciante, pero en un momento decidió hablar con ellos y una de las perlas salió de su boca. Cuando los ladrones vieron esto, amenazaron al comerciante con gran violencia para quitarle el resto. En consecuencia, el comerciante les dio las otras dos perlas de su boca, pero mantuvo el resto oculto. Tranquilizados, los ladrones siguieron su camino, y el comerciante agradeció al Todopoderoso que al menos todavía tenía la mitad de su tesoro para hacer lo que quisiera.

El comerciante continuó su viaje, pero como no podía pagar una habitación en una posada, se vio obligado a dormir en un granero cercano. Su largo viaje por la carretera había ensuciado su ropa y cuando llegó a la tienda del joyero para vender las perlas, el joyero lo miró con recelo. El comerciante sacó las perlas que deseaba vender y preguntó al joyero cuánto estaría dispuesto a pagar. El joyero se asombró de que unas perlas tan grandes y magníficas estuvieran en posesión de una persona tan vulgar como el comerciante.

'¿Cómo conseguiste estas perlas?' preguntó el joyero.

'Mis amigos me las dieron como regalo de despedida', dijo el comerciante.

'Una hermosa historia. Quizás las robó de mi tienda y ahora está tratando de estafarme'.

'Estoy diciendo la verdad'.

Pero el joyero no le creyó, por mucho que protestara el comerciante, y pronto los dos hombres se vieron envueltos en una violenta disputa que llamó la atención de los demás en el mercado. El joyero era un hombre de cierta reputación en la ciudad, por lo que su historia parecía más verídica que la del comerciante. La noticia de la disputa llegó al rey, quien declaró culpable al comerciante. Las perlas fueron entregadas al joyero y el comerciante fue llevado a prisión para esperar sentencia.

Ahora bien, sucedió que pocos días después de que el comerciante fuera encarcelado, los buscadores que le habían dado las perlas llegaron a la ciudad. Decidieron ir a la cárcel a repartir limosnas, y allí encontraron a su amigo, encadenado. Cuando le preguntaron al comerciante qué había sucedido, relató toda la triste historia. Los buscadores de perlas se indignaron y acudieron inmediatamente a la corte del rey, donde explicaron la situación y atestiguaron la inocencia del comerciante, con el resultado de que el comerciante fue liberado y el joyero llevado ante el rey para que se explicara. Cuando el joyero no pudo defender sus acciones, el rey lo declaró culpable y lo ejecutó por presentar falso testimonio contra un extraño. Luego, el rey entregó la joyería y otras propiedades al comerciante para que fueran suyas en recompensa por lo que había sufrido injustamente. Luego ordenó que se le diera al comerciante un buen conjunto de ropa y un baño caliente y lo nombró supervisor del tesoro real.

El comerciante sirvió al rey con la mayor diligencia y fue recompensado en consecuencia. Esto despertó la envidia de uno de los visires del rey, quien comenzó a buscar un medio por el cual podría causar la caída del comerciante.

La hija del rey tenía una casa de verano al lado de la tesorería, donde pasaba unos días de vez en cuando. Un ratón había hecho un agujero en la pared que separaba el tesoro de los terrenos de la casa de verano. Un día, el comerciante tuvo que clavar un clavo en la pared y, desafortunadamente, golpeó el nido del ratón, de modo que cuando el clavo atravesó la pared, derribó uno de los ladrillos de la casa de verano, creando un gran agujero. El comerciante vio lo que había sucedido y tapó el agujero con un poco de arcilla.

El visir vio al comerciante aplicando la arcilla a la pared y decidió que esta era su oportunidad para deshacerse de su rival. En consecuencia, fue al rey y le dijo que había visto al comerciante clavar un clavo en la pared y derribar un ladrillo en el otro lado para poder espiar a la hija del rey y que el comerciante había tapado el agujero con arcilla en un intento de ocultar su crimen. El rey se indignó y bajó furioso al tesoro, donde vio al comerciante con las manos sucias, ya que acababa de terminar de aplicar lo último de la arcilla húmeda.

El rey creyó lo que dijo el visir, a pesar de las protestas de inocencia del comerciante y su explicación de lo que realmente había sucedido. Luego, el rey ordenó que le sacaran los ojos al comerciante y que lo sacaran del palacio. Luego, el rey fue a la casa de verano para velar por el bienestar de su hija, solo para que le dijeran que no había estado allí durante algunos días, ya que había decidido pasar su tiempo en otra parte del palacio. Después de escuchar esto, el rey fue al tesoro y sacó la arcilla del agujero y vio que había sido obra de un ratón. También vio que el ladrillo había sido desprendido por accidente y que el comerciante había sido honesto y digno de confianza. El rey, por lo tanto, ordenó que el visir fuera severamente castigado y se lamentó profundamente no haberse tomado el tiempo de investigar antes de ordenar el destino del comerciante".

"Por lo tanto, su majestad", dijo Bakhtiyar, habiendo completado su relato, "vemos cómo el rey podría haber evitado tanto su angustia como la del comerciante si se hubiera tomado el tiempo para comprender lo que realmente había sucedido, y no hubiera emitido un juicio estando enojado. Si su majestad desea, no se apresure en su juicio, y evitará la suerte de ese rey. Deme un poco más de tiempo para demostrar mi inocencia".

Azadbakht quedó impresionado por la historia de Bakhtiyar y accedió debidamente a darle otro día. Ordenó que se devolviera a Bakhtiyar a prisión y pospuso la ejecución por el momento.

La última historia de Bakhtiyar: la historia del rey de Persia

Día tras día, Bakhtiyar era llevado ante el rey, y cada día uno de los visires, a su vez, defendía la ejecución de Bakhtiyar. Pero día tras día, Bakhtiyar le suplicó misericordia al rey y ganó la suspensión de la ejecución contándole al rey una historia animada.

Esto se prolongó durante nueve días, y en el décimo día, el décimo visir envió un mensaje a la reina que decía: "Oh mi reina, bien sabe que el bandido Bakhtiyar ha sido condenado a muerte, pero todos los días se las arregla para ganar tiempo contando algunos cuentos. Le imploro que hable con su marido real y le exija que se ponga fin a esta farsa y que el criminal sea ejecutado sin demora".

La reina hizo lo que le pidió el visir. Ella habló con el rey antes de que él abandonara los aposentos reales y, con la persuasión de su esposa, acordó que hoy, de hecho, Bakhtiyar encontraría su fin. Luego, el rey entró en la sala del consejo, donde los visires ya lo estaban esperando.

Antes de que el décimo visir pudiera levantarse para presentar su caso, el rey dijo: "He decidido que debemos poner fin a esta farsa. Hoy ejecutaremos a Bakhtiyar".

Entonces el rey ordenó que llevaran a Bakhtiyar a la cámara, y cuando llegó dijo: "Durante nueve días has protestado por tu inocencia, pero no hemos visto ni una sola prueba de que estés diciendo la verdad. Hoy ciertamente serás ejecutado, porque yo he dictado el decreto".

Bakhtiyar comenzó a llorar cuando escuchó esto y dijo: "Sé que soy inocente y he usado mis cuentos como una forma de ganar tiempo con la esperanza de poder escapar de este destino de alguna manera. Pero ahora veo que este destino es realmente lo que Dios tiene reservado para mí, y no lucharé contra mi destino como lo hizo el rey de Persia, porque no tengo más esperanzas de éxito que él".

Azadbakht dijo: "No he oído esta historia del rey de Persia. Te pido que me la cuentes".

"Como mande su más graciosa majestad. Esta es mi historia: una vez hubo un rey de Persia, que era poderoso y rico, pero se sentía infeliz porque no tenía hijos. Oró y oró para que Dios le diera un hijo, y finalmente, una de las mujeres de su casa quedó embarazada. El rey estaba encantado de que, por fin, pudiera tener un hijo y un heredero, pero esa noche tuvo un sueño extraño. En el sueño, un anciano le dijo: 'Dios te ha dado un hijo, pero su vida será corta y su final trágico. Cuando el niño cumpla siete años, un león lo agarrará y lo llevará a la cima de una montaña, luego lo arrojará por la ladera, y el niño rodará hasta el fondo, todo cubierto de sangre y tierra'.

El rey estaba muy preocupado por este sueño y preguntó a sus visires más sabios qué significaba y qué se podría hacer al respecto, pero todo lo que pudieron decir fue: 'Si este es el destino que Dios ha decretado, entonces ¿quién eres tú para pensar que podría evitarse? El rey no se desanimó y dijo que de hecho lucharía contra este destino incluso si fuera el mismo Todopoderoso quien lo decretara.

Unos días después, uno de los visires del rey elaboró un horóscopo para el rey en el que vio que el rey sería asesinado por su propio hijo dentro de veinte años. El visir fue al rey para informarle de lo que había encontrado, y el rey dijo: 'Si has hablado con falsedad, perderás la vida'.

Mientras tanto, el rey ordenó que se construyera una cámara subterránea para albergar a su hijo y a la niñera del niño, como prueba contra la fatalidad predicha por el sueño. La nodriza y el niño vivieron allí durante siete años, y al final del séptimo año, un león encontró su camino hacia la cámara, donde devoró a la nodriza y luego tomó al niño. El león llevó al niño a la cima de una montaña y luego lo soltó. El niño rodó hasta el fondo, donde yacía medio muerto, cubierto de sangre y tierra.

No mucho después, uno de los secretarios del rey pasó por ese lugar y encontró al niño, que estaba gravemente herido, pero aún con vida. La secretaria llevó al niño a su casa, donde lo trató como a uno de sus propios hijos y le enseñó su oficio. Mientras tanto, el rey había ido a la cámara subterránea para ver si su sueño se había hecho realidad. Al encontrar la habitación desierta, supuso que la niñera se había escapado con el niño, por lo que ordenó a los mensajeros que recorrieran el país para encontrarla, pero siempre regresaban sin haber visto nada.

Pasó el tiempo, y pronto el hijo del rey había alcanzado la edad de trece años, momento en el cual su padre adoptivo determinó que estaba lo suficientemente educado y era digno de confianza para acompañarlo a su empleo dentro del palacio. El rey veía a menudo al secretario y a su joven ayudante, y cada vez que miraba al joven, sentía un aumento en su afecto por el muchacho, hasta que un día le dijo al secretario que le gustaría tomar al muchacho a su servicio. El secretario asintió con mucha gracia, ya que servir al rey era un gran honor que normalmente no se concede a alguien tan joven. Al joven, el rey le otorgó el oficio de escudero y el deber de atender al rey.

El joven sirvió a su rey con gran distinción durante muchos años, hasta que un día el reino de Persia fue acosado por un enemigo, que había reunido un poderoso ejército y había marchado sobre la capital con la intención de saquearla y quitarle el trono. El rey de Persia reunió a sus tropas y fue al campo para encontrarse con el enemigo, y, por supuesto, el joven escudero entró en el séquito del rey. Siguió una feroz batalla. Pronto, los combatientes estaban todos tan manchados de sangre y polvo que ningún hombre podía distinguir entre amigos y enemigos. El joven escudero estaba en medio de la refriega y, creyéndose entre los enemigos, golpeaba a todo hombre que se le acercaba. Desafortunadamente, uno de sus golpes aterrizó sobre su soberano, separando su brazo de su cuerpo.

El rey reconoció a su escudero como el que le había dado el golpe, y con muchas imprecaciones en su contra, abandonó el campo, pues su herida era tan grave que no había forma de que pudiera continuar la lucha. Cuando el ejército persa vio a su rey retirarse de la batalla gravemente herido, entraron en caos y el campo se perdió. El rey pidió la paz y se llegó a una tregua con el gobernante enemigo mediante el pago de una exorbitante suma de dinero. El escudero fue encadenado con grilletes y encarcelado, sin que se prestara atención a ninguna de sus protestas de inocencia.

El rey fue llevado en una litera a sus aposentos, donde fue atendido por los mejores médicos del país, tanto de día como de noche. Todos sus esfuerzos eran en vano. La herida se enconó y pronto se hizo evidente que al rey no le quedaba mucho tiempo de vida. El rey, por tanto, llamó al visir que había predicho su muerte y le dijo: 'Tú profetizaste que mi propio hijo me mataría cuando cumpliera los veinte años, pero ves que no. Me ha herido de muerte mi escudero, el hijo de uno de los secretarios de palacio. Tu vida, por tanto, está perdida, porque tu profecía era falsa'.

El visir respondió: 'Puede ser como dice su ilustre majestad, pero primero deberíamos hacer traer al escudero aquí para que podamos preguntarle sobre sus orígenes. Sin duda, su majestad no querría ejecutar a un hombre inocente'.

El rey estuvo de acuerdo en que este proceder era justo, por lo que sacaron al escudero de la cárcel y lo llevaron ante el rey y el visir. 'Dime', dijo el rey al joven, '¿de dónde eres y quiénes son tus padres?'

'No conozco mi país de origen y no conozco a mis padres, salvo que mi padre era un rey. Cuando era un bebé, mi niñera y yo estábamos alojados en una cámara subterránea. Cuando cumplí los siete años, un león entró por la fuerza en nuestra morada, donde fustigó y devoró a mi nodriza y luego me llevó a la cima de una montaña. Allí, el león me soltó y yo caí al pie de la montaña. Ahí es donde me encontró la secretaria. Me acogió en su casa y me crió como su propio hijo hasta que su majestad me puso a su servicio'.

El rey de Persia reconoció entonces al escudero como su propio hijo, por lo que le entregó su trono y nombró al visir primer ministro de la tierra. Tres días después, el rey murió a causa de sus heridas".

Habiendo concluido su relato, Bakhtiyar le dijo al Rey Azadbakht: “Por eso, oh glorioso rey, dije que era como el Rey de Persia, porque, aunque pudiera luchar contra los dictados del Cielo, debo aceptar destino que aguarda".

El destino de Bakhtiyar

Azadbakht se sintió conmovido por la historia del joven y ordenó a los guardias que lo llevaran de regreso a la celda de la prisión. Al escuchar esto, todos los visires se pusieron de pie y protestaron, diciendo que renunciarían a sus cargos y abandonarían el país si la ejecución no se realizaba de inmediato.

"Muy bien. La ejecución puede continuar. Pero yo, por mi parte, no lo presenciaré. Mi corazón no podría soportar ver a este joven ejecutado. Deben tomarlo y hacer la escritura ustedes mismos", dijo Azadbakht.

Los visires proclamaron entonces que Bakhtiyar sería ejecutado en la plaza pública al mediodía. Hicieron preparar la horca en la plaza principal y ordenaron a la gente que presenciara el evento.

Ahora, sucedió que Firokh Suvar, el padre adoptivo de Bakhtiyar, había venido a la ciudad con algunos de sus compañeros por negocios propios ese día, y llevaba la capa dorada en la que había encontrado al niño al lado del pozo. Firokh vio a la multitud reunirse y la horca preparada. No deseaba presenciar la ejecución, por lo que comenzó a reanudar su viaje hacia el lugar donde tenía la intención de hacer negocios. En ese momento, la multitud se separó para dejar pasar a los guardias con el prisionero, y Firokh reconoció a su querido hijo abrumado por muchas cadenas.

Firokh y sus amigos corrieron en ayuda del joven, y después de arrebatárselo a los guardias, Firokh pidió en voz alta tener una audiencia con el rey.

Cuando fue llevado ante Azadbakht, Firokh dijo: "¡Le ruego a su más ilustre majestad que no mate a este joven! Este es mi hijo amado, un hombre de buen corazón, y sé que debe ser inocente de cualquier crimen del que haya sido acusado. Si debes tener sangre, toma la mía, porque no puedo vivir sin él".

"Tu deseo ciertamente puede ser concedido", dijo Azadbakht.

"¡Oh mi rey, no sabe qué tontería es esta! Sin duda, este joven es hijo de un rey y una reina poderosos. ¡Piense en lo que harían si descubrieran que usted ha matado a su hijo!".

"Primero, protestaste diciendo que es tu hijo, pero ahora dices que es de otra persona. Dime la verdad, o de verdad haré que te ejecuten junto con él".

"Digo la verdad, oh mi rey y oh deleite del mundo. Encontré a mi hijo al borde de un pozo en el desierto, un niño envuelto en la misma capa que estoy usando ahora. Y alrededor de su cuello llevaba un brazalete de diez perlas, que llevo conmigo hasta el día de hoy".

Firokh sacó el brazalete de perlas y se las mostró a Azadbakht, quien las reconoció y reconoció también la capa. Eran aquellas que él y su reina habían dejado con su pequeño hijo cuando lo abandonaron en el desierto. Luego le pidió a Firokh que le diera el manto y las perlas, tras lo cual se las llevó a la reina y se las mostró.

"¡Estos son el manto y las perlas que le dejamos a nuestro querido hijo! ¿Cómo los encontraste? ¿Vive aún nuestro hijo? ¡Dímelo!" dijo.

"Haré mejor que decírtelo. Lo traeré aquí en carne y hueso".

Luego, el rey envió sirvientes a buscar a Bakhtiyar. Cuando llegó Bakhtiyar, Azadbakht le quitó las cadenas y le puso un turbante real en la cabeza. Luego envolvió al joven en un manto real y lo condujo hasta la reina.

"Este es nuestro hijo, oh esposa mía, a quien dejamos junto al pozo", dijo Azadbakht.

Cuando la reina escuchó esto, la leche brotó de sus pechos.

El rey y la reina abrazaron a Bakhtiyar con gran alegría y muchas lágrimas de felicidad.

Entonces el rey le dijo a la reina: "Dime, ¿por qué propusiste destruir a este joven con falso testimonio?".

"Tus visires vinieron a mí y me dijeron que tu ira contra mí sería ilimitada si no confesaba lo que me dijeron que confesara. Resistí todo lo que pude, pero al final tuve que ceder ante ellos", dijo la reina.

Ante esto, Azadbakht se enfureció. Ordenó la ejecución inmediata de los diez visires, que murieron ese mismo día en la horca que habían preparado para Bakhtiyar. Azadbakht luego entregó su reino a Bakhtiyar, quien nombró a Firokh Suvar su visir principal y otorgó posiciones de autoridad a los compañeros de Firokh. Todo el pueblo se alegró de que Azadbakht y su reina se hubieran reunido con su hijo, y prometieron fidelidad y amor por su nuevo gobernante. Bakhtiyar tuvo un reinado largo y próspero, y siempre gobernó a su pueblo con sabiduría y justicia.

Parte III: Cuentos del Shahnameh

La historia de Kayumars y Hushang

Los primeros relatos del Shahnameh son historias de reyes antiguos y probablemente míticos. El que se cuenta a continuación está ambientado en un pasado mítico cuando los seres humanos aún podían comunicarse directamente con animales, pájaros y criaturas sobrenaturales como las hadas. Como es común en tales historias, se atribuye a los primeros reyes el descubrimiento o la invención de cosas que son básicas para la supervivencia humana, como la ropa y el fuego. Aquí nos enteramos del descubrimiento del fuego y del origen de la fiesta de Sadeh, que todavía se celebra todos los años en la actualidad, cincuenta días antes del No-Ruz, el Año Nuevo iraní, que se celebra en el equinoccio de primavera. Como festival de mediados de invierno, Sadeh celebra la capacidad del fuego para vencer el frío y espera con ansias la primavera que está por llegar.

El primer rey de Persia fue un hombre llamado Kayumars. Llevaba ropa hecha con pieles de leopardo, al igual que su gente, porque todavía no se habían hecho otras formas de ropa. Kayumars fue el primero en aprender a hacer ropa y preparar comida, y enseñó estas cosas a la gente. Kayumars era alto y fuerte, y la gloria de su poder brilló en él de modo que todos se postraban ante su presencia, incluso los animales, tanto salvajes como mansos.

Kayumars tuvo un hijo, cuyo nombre era Siamak. Siamak era hermoso y muy sabio. Kayumars amaba a Siamak más que a cualquier otra cosa en el mundo, y Siamak era la fuente de alegría de su padre.

Siamak no tenía enemigos entre la gente, porque era sabio y justo. Sin embargo, Ahriman lo envidiaba mucho, por lo que juró destruirlo. Ahriman fue donde su propio hijo, un demonio que ansiaba la destrucción como un lobo ansiaba una presa, y le dijo que reuniera un ejército y atacara el reino de Kayumars para destruirlo y matar a Siamak.

Ahriman hizo sus planes en secreto, por lo que Kayumars no sabía nada del peligro en el que se encontraba. Pero el ángel Sorush se le apareció a Siamak en un sueño, advirtiéndole del ejército que se acercaba. Siamak se enfureció por esto y reunió un ejército propio. Siamak y sus soldados fueron a la guerra vestidos solo con pieles de leopardo, porque la armadura aún no se había inventado. Cuando Siamak y su ejército llegaron al lugar donde el hijo de Ahriman había alineado a sus propios soldados, Siamak se apresuró a atacar al hijo demonio de Ahriman. La batalla no duró mucho. El demonio tomó sus largas y afiladas garras y las clavó en el cuerpo de Siamak, matándolo.

Cuando Kayumars escuchó que Siamak estaba muerto, cayó en un profundo dolor. Lloró y se rasgó la barba, y todo su reino lloró con él, porque Siamak era muy querido. El ejército se colocó ante Kayumars y lanzó un grito de dolor. Toda la gente se vistió de azul para mostrar que ellos también lloraban a Siamak. Incluso los animales y los pájaros lamentaron la muerte de ese noble joven.

Todo el reino estuvo de luto durante un año, y luego, una noche, Sorush se apareció a Kayumars en un sueño.

Sorush dijo: “No se aflija más. El tiempo de su venganza está cerca. Si reúne a su ejército y marcha contra el demonio, tendrá su venganza".

Siamak tenía un hijo, un joven noble llamado Hushang. Nadie podía igualar a Hushang en inteligencia o cortesía, y Kayumars confiaba en los buenos consejos y la valentía de Hushang.

Kayumars le dijo a Hushang: "Ha llegado el momento de nuestra venganza. Reúne un ejército y dirígelo. Yo mismo lo dirigiría, pero ahora soy un anciano, por lo que ese deber debe recaer en ti".

Hushang hizo lo que le ordenó su abuelo. Reunió un gran ejército de hadas y todo tipo de bestias salvajes, aves, ganado y ovejas. El ejército salió con Hushang a la cabeza y Kayumars en la retaguardia. Pronto se encontraron con el ejército de demonios y tuvo lugar una feroz batalla. Esta vez, los demonios no eran rival para el ejército de Hushang. Los leones, tigres y otras bestias feroces hicieron trizas a los soldados demoníacos, y el mismo Siamak se encontró con el demonio que había matado a su padre y lo partió en dos. Luego, le cortó la cabeza al demonio y le arrancó la piel del cuerpo.

Tras haber vengado a su hijo, Kayumars murió y Hushang asumió el trono. Hushang gobernó con justicia y sabiduría, y su reino prosperó bajo su poder.

Un día, Hushang cabalgó hacia las montañas con algunos compañeros. De repente, un gran dragón negro apareció ante ellos. Tenía los ojos rojos como la sangre, y de su boca abierta salían humo y llamas. Hushang tomó una piedra y se la arrojó a la bestia. La bestia esquivó la roca y luego se fue, pero este no fue el final de la aventura, cuando la roca golpeó las piedras que estaban detrás del dragón, se levantó una gran lluvia de chispas. Así es como Hushang descubrió que el pedernal podría usarse para hacer fuego y cómo la gente aprendió por primera vez a hacer y usar fuego. Hushang consideró esto como un gran regalo de Dios, y desde ese día en adelante, la gente siempre oraba a Dios frente al fuego.

Esa noche, Hushang y sus amigos hicieron una gran hoguera y celebraron un festín. Bailaron alrededor del fuego, celebrando y bebiendo vino, y así nació la fiesta de Sadeh.

Ahora que Hushang sabía cómo hacer fuego, se dispuso a ver qué otras cosas podían surgir de las rocas a su alrededor. Tomó un poco de mineral y lo fundió, y así descubrió el hierro. Luego tomó el hierro e hizo muchas cosas útiles, como hachas, mazas y sierras. Luego, Hushang buscó una forma de traer más agua a su reino. Cavó canales para llevar agua a los campos y así inventó el riego. Una vez que la gente tuvo una buena fuente de agua, pudieron plantar más cultivos y producir más granos y frutas, y así el reino de Hushang prosperó enormemente.

Hushang también decretó qué animales debían ser domesticados y cuáles debían permanecer salvajes. Decretó qué animales se podían cazar y cuáles iban a servir al pueblo. Aprendió a atrapar y despellejar animales con pieles como ardillas y armiños y convertir sus pieles en ropa abrigada.

Hushang trabajó incansablemente para mejorar su reino y hacerlo crecer. Impartió justicia y gobernó con sabiduría. Sin embargo, a pesar de toda su sabiduría, Hushang seguía siendo un hombre mortal y, al final de sus días, pereció, al igual que todos los demás.

Jamshid el Magnífico

Es posible que Kayumars y Hushang hayan beneficiado a la humanidad a través de sus descubrimientos del fuego, la metalurgia y la ropa, pero sus logros palidecen en comparación con los de Jamshid. Jamshid se basa en el descubrimiento de la metalurgia y crea armaduras para hombres y caballos, descubre cómo hilar y tejer fibras en hilo y tela y cómo teñir esos materiales, y crear un orden social dentro de su reino.

Desafortunadamente, Jamshid es víctima del pecado del orgullo, pensando que su éxito como rey hace que su gloria rivalice incluso con la de Dios. Jamshid aprende una dura lección sobre esto cuando su reino es capturado por Zahhak, un príncipe vecino que ha sido corrompido por Iblis. En el personaje de Iblis, el diablo musulmán, vemos al islam como parte de la cultura persa que conocía Ferdowsi, aunque la historia se desarrolla en una época anterior al advenimiento del islam.

El reinado de Jamshid

Jamshid era el hijo del rey Tahmures y estaba decidido a ser un buen rey como su padre, y de hecho el mundo entero se sometió al poder real de Jamshid. No solo la gente lo reconoció como rey, sino también las aves y los animales, e incluso los demonios y las hadas se inclinaban ante él.

De sí mismo, Jamshid decía: "Soy rey y soy sacerdote. La gracia de Dios es mía y brilla desde mí. Derribaré a los malhechores, y guiaré el alma de los pueblos hacia la luz".

Lo primero que hizo Jamshid al asumir el trono fue centrar su pensamiento en su ejército y en qué tipo de armas y armaduras deberían tener. Jamshid inventó los cascos y la cota de malla, los petos y las espadas. Jamshid no descuidó las monturas de sus soldados, incluso inventó armaduras para los caballos. Durante cincuenta años, Jamshid trabajó para equipar a su ejército, y cuando pasaron los cincuenta años, tenía una gran reserva de armas y armaduras, mayor que ninguna otra en el mundo.

En los siguientes cincuenta años de su reinado, Jamshid se centró en la fabricación de hilos y telas. Inventó el hilado y el tejido y enseñó a la gente a tomar lana, lino y seda y convertirlos en hilo y tela. Luego, enseñó a la gente cómo cortar y coser la tela en la ropa y teñir la tela para usar colores brillantes. Todo el pueblo se regocijó con esto, y también Jamshid.

Durante los siguientes cincuenta años, Jamshid consideró la mejor forma de organizar a la gente. Hizo esto dividiéndolos en castas y dando a cada casta su lugar dentro del reino. La primera casta fue la de personas que pasaban sus días en oración y adoración. Jamshid los envió a vivir a las montañas. La segunda casta era la de los guerreros, los hombres que eran hábiles en la batalla y cuya lealtad y coraje apoyaban el gobierno del rey. La tercera casta eran los que trabajaban en los campos y cultivaban las cosechas para que todos pudieran comer. Estas personas eran libres y no esclavas, aunque tenían un trabajo duro. La cuarta casta eran los artesanos, personas que hacían cosas maravillosas con sus manos. Jamshid tardó cincuenta años en dividir a la gente de esta manera y enseñarles cómo deben vivir y cumplir con sus deberes.

Cuando ese trabajo estuvo completo, Jamshid se dedicó a la creación de edificios. Les dijo a los demonios bajo su mando que tomaran arcilla, la usaran para hacer ladrillos y luego tomaran los ladrillos y los usaran junto con piedra y madera para crear baños y palacios. Jamshid también abrió minas para poder tomar gemas preciosas. Usó magia para la extracción de minerales preciosos, como plata y oro.

Jamshid descubrió los perfumes y enseñó a la gente cómo usar ámbar gris, sándalo, agua de rosas y muchas otras cosas para crear aromas encantadores. También estudió qué cosas eran buenas para la medicina y, de esta manera, mostró a las personas cómo curar enfermedades y vivir una vida saludable.

A continuación, Jamshid descubrió cómo construir barcos y navegar por el agua. Pasó otros cincuenta años en esta labor, lo que le permitió viajar muy rápidamente de un lugar a otro.

Ahora, Jamshid había logrado más que cualquier rey, vivo o muerto, pero aun así, no estaba satisfecho. Se construyó un trono dorado, todo cubierto de gemas.

Cuando se construyó el trono, dijo a los demonios que le servían: "Levántenme a los cielos para que mi gloria brille como el sol".

Jamshid hizo esto el primer día del mes de Farvardin, y llamó a ese día No-Ruz, o Día Nuevo, y dijo que a partir de entonces sería el primer día del año. Los nobles de la corte de Jamshid se regocijaron con esto e hicieron una gran fiesta para celebrar, y de hecho, incluso hoy, la gente celebra No-Ruz en memoria de Jamshid.

Durante trescientos años, la gente de Jamshid prosperó bajo su gobierno. En aquellos días, la muerte era desconocida, los demonios servían al pueblo y el pueblo servía a su rey. Durante trescientos años, la gloria real de Jamshid brilló sobre su pueblo.

Jamshid los miró y pensó: *Todo el mundo es mío. Mi luz ilumina al pueblo y lo hace próspero. Nadie es como yo. Nadie es más poderoso que yo.*

Jamshid había olvidado que, después de todo, seguía siendo un hombre y no Dios.

Entonces Jamshid convocó a todos sus consejeros, generales y sabios.

Él les dijo: "¿Existe alguien como yo? ¿Quién más gobierna el mundo entero? Fui yo quien le enseñó a la gente a vivir, a tejer y coser, a construir. Todo lo bueno que tienen viene de mí y de mis obras. Seguramente no hay rey en toda la Tierra, solo yo".

Los consejeros, generales y sabios inclinaron la cabeza en señal de asentimiento, aunque sabían que lo que Jamshid decía era una locura, estaban demasiado asustados de lo que pudiera hacer el rey si decían la verdad.

Pero Dios no le tenía miedo a Jamshid. Dios escuchó lo que dijo Jamshid y cómo Jamshid trató de superar a Dios en gloria y poder. Ese día, Dios quitó la gloria de Jamshid. Jamshid ya no brillaba sobre su gente como el sol brillaba sobre la Tierra, y la gente ya no le era leal. Algunos comenzaron a susurrar contra él, y la sedición se extendió por todo el país, pero fue el príncipe árabe Zahhak quien causó la caída final de Jamshid, y ahora debemos saber cómo sucedió eso.

Zahhak el Príncipe Demonio

En la época de Jamshid, el rey de los árabes era un hombre amable y generoso llamado Merdas. Hizo todo lo posible por gobernar sabiamente. Sus rebaños se contaban por miles, y a nadie le faltaba la leche.

Merdas tuvo un hijo llamado Zahhak, que era tan ambicioso y codicioso como su padre era justo y generoso. Zahhak tenía un temperamento malvado, y todos los que lo conocían sabían que era mejor mantenerse fuera de su camino. Así como Merdas tenía grandes rebaños de ovejas y vacas para alimentar a la gente, Zahhak tenía una gran manada de caballos con bridas de oro para cada uno, y Zahhak cabalgaba por todas partes para demostrar lo grande y poderoso que era.

Una mañana, un hombre se acercó a Zahhak y dijo: “Saludos, oh príncipe. Espero se encuentre bien".

"Si, estoy bien. Manifieste sus deseos”, dijo Zahhak.

Ahora, lo que Zahhak no sabía era que este no era un hombre común. No, fue el propio Iblis, quien vino a hacer un trato.

Iblis dijo: "Le contaré mis intenciones, pero solo si promete no contarle a nadie más de lo que hablamos hoy".

"Claro. Mantendré nuestra conversación en secreto".

"Bien. Por eso he venido a usted: para darle mi consejo. Lo he visto cabalgando sobre sus caballos con bridas doradas. Obviamente usted es un hombre muy poderoso. Podría hacer muchas cosas buenas si el trono fuera suyo. Su padre es viejo; de todos modos, no le quedan muchos años, así que debería quitarle el trono. Será mejor rey".

"No puedo hacer eso. Sí, quiero ser rey, pero no mataré a mi padre por eso".

"Debe hacerlo. Si no hace lo que le digo, estará rompiendo su promesa. Su padre permanecerá en el trono para siempre, y usted nunca será más que un sujeto importante".

Ante esto, Zahhak cedió. "Dígame lo que tengo que hacer".

"No se preocupe. Yo me ocuparé de todo".

Ahora, uno de los hábitos del rey Merdas era ir al huerto que crecía cerca del palacio cada mañana antes del amanecer. Allí, se bañaba y rezaba sus oraciones. Tanto el rey como el sirviente que lo acompañaba conocían el camino de memoria, por lo que ninguno tenía lámpara. Iblis sabía esto, así que fue al huerto por la noche y cavó un pozo profundo a lo largo del camino que tomaba Merdas. Cuando Merdas fue al huerto esa mañana, cayó al pozo y se rompió la espalda. Merdas murió a causa de sus heridas, y tan pronto como Iblis vio que la vida del rey se esfumaba, volvió a llenar el pozo con tierra y huyó.

Zahhak pronto se enteró de la desgracia de su padre. Zahhak tomó el trono de los árabes y puso la corona sobre su cabeza. Iblis estaba encantado de ver que Zahhak estaba ahora en el trono.

Fue a Zahhak y le dijo: "Tengo algunos consejos más para usted. Haga lo que le digo y tendrá todo lo que desea. Será el hombre más poderoso del mundo".

Entonces, Iblis dejó la corte de Zahhak.

Después de un tiempo, Iblis regresó, nuevamente disfrazado de joven.

Fue ante Zahhak y dijo: "Si le agrada a su majestad, soy un muy buen cocinero y estoy a su servicio".

A Zahhak le gustó el aspecto del joven cocinero y lo contrató en el acto. Le dio a Iblis la llave de la cocina y la despensa y lo puso a cargo de todas las comidas. En aquellos días, la gente no comía mucha carne, pero la mayoría de los platos que Iblis preparaba para el rey estaban hechos con carne de aves o animales. De esta manera, Iblis esperaba hacer que Zahhak siguiera sus órdenes, y dado que los leones también viven de la carne de otros animales, Iblis tenía la intención de hacer que Zahhak fuera tan valiente como un león alimentándolo con carne.

Sin embargo, Iblis primero preparó un plato de yemas de huevo para el rey.

"Este es un plato muy bueno. Todos los que comen esto se vuelven muy saludables", dijo Iblis.

El rey se comió las yemas de huevo y les pareció deliciosas.

"Es una comida muy buena", dijo y recompensó al cocinero.

"Eso fue solo el comienzo, su majestad. ¡Espere a ver lo que prepararé mañana!".

Al día siguiente, Iblis preparó un plato de perdiz y faisán.

Al tercer día, preparó un plato de pollo y cordero. Zahhak estaba encantado con cada uno de estos platos y recompensó bien al cocinero.

El cuarto día, Iblis preparó un plato de ternera cocida en vino y agua de rosas y sazonada con muchas especias. Se lo llevó a Zahhak, y cuando el rey lo probó, no podía creer lo bueno que era.

"En verdad, nunca he probado algo tan espléndido. Todo lo que quieras de mí, lo tendrás. Nómbralo y es tuyo", dijo el rey.

"Estoy agradecido con su majestad. Que viva por siempre. Su gloria brillará en toda la Tierra. Solo tengo una humilde petición: permítame besarle los hombros".

Zahhak pensó que esta era una petición extraña, pero ya había prometido darle al cocinero lo que le pidiera, así que dijo: "Claro, puedes besarme los hombros".

Iblis se acercó a Zahhak y besó los hombros del rey. Tan pronto como Iblis terminó el segundo beso, desapareció. Zahhak parpadeó asombrado, pero no tuvo tiempo de considerar ese extraño suceso porque algo le estaba pasando en los hombros en los lugares donde el cocinero lo había besado. Zahhak miró y se horrorizó al ver que una serpiente negra crecía de cada hombro. Zahhak intentó todo lo que se le ocurrió para hacer que las serpientes se fueran, pero nada funcionó, ni siquiera cortarlas, porque no importa cuántas veces las cortara, instantáneamente volverían a crecer. Zahhak consultó a todos los médicos que pudo encontrar. Llamó a médicos de tierras lejanas. Pero ninguno de los médicos, por muy erudito que fuera, pudo darle un remedio.

Finalmente, apareció un nuevo médico en la corte de Zahhak. No era otro que Iblis, que se había disfrazado una vez más.

"Sé que estas serpientes lo angustian mucho, pero creo que es su destino soportarlas. Lo mejor que puede hacer es alimentarlas. Comerán carne fresca y eso las tranquilizará. Sin embargo, si les da de comer cerebros humanos, eso podría matarlas". Iblis dijo esto porque esperaba que Zahhak matara a toda la gente para deshacerse de las serpientes.

De esta manera, el deseo de Iblis de destruir a la humanidad se haría realidad.

La caída de Jamshid

Ahora, mientras Iblis estaba tentando a Zahhak en la tierra de los árabes, Jamshid estaba teniendo dificultades en Persia. Su gloria real ya no brillaba sobre la tierra, y donde antes había gobernado sabiamente, ahora se había vuelto poco generoso e injusto. Muchos de los nobles decidieron que serían mejores reyes que Jamshid, por lo que organizaron sus propios ejércitos y marcaron sus propios territorios, diciendo que tenían derechos al trono y que lo tomarían por la fuerza si era necesario.

Algunos nobles persas vinieron a escuchar sobre el rey de los árabes con hombros de serpiente.

"Hay un rey que podría ayudarnos. Seguro que se deshará de Jamshid", dijeron.

Entonces, enviaron una embajada a la corte de Zahhak para ver si los ayudaba en su búsqueda para derrocar a Jamshid.

Cuando llegaron ante Zahhak, los embajadores dijeron: "Oh, grande, seguramente no hay rey como usted. Gobierna toda Arabia, pero seguramente su reino debería ser más grande que eso. El trono de Persia también debería ser suyo".

Zahhak escuchó sus halagos y decidió ayudarlos. Reunió a su ejército y acudió en ayuda de los nobles persas. Para entonces, Jamshid contaba con pocos partidarios, por lo que sus guerreros no pudieron resistir la embestida. Jamshid fue puesto en fuga, y Zahhak puso la corona de Persia sobre su cabeza.

Durante cien años, Jamshid se escondió de Zahhak, pero Zahhak nunca dejó de buscarlo.

Un día, Zahhak se enteró de que Jamshid había sido visto cerca del Mar de China. Zahhak envió a sus soldados a capturar a Jamshid. Llevaron a Jamshid ante Zahhak, y aunque Jamshid suplicó clemencia, Zahhak simplemente lo cortó en dos.

Jamshid había vivido setecientos años, y en ese tiempo, hizo muchas cosas buenas y muchas cosas malas. Sin embargo, ¿de qué le sirve tanta vida a alguien si el mundo nunca revela todos sus secretos, sino que espera hasta que somos incautos y nos envía un destino maligno?

El nacimiento de Zal

Zal es uno de los grandes héroes del Shahnameh, eclipsado solo por su poderoso hijo, Rostam. Sabemos que Zal está destinado a cosas grandes e inusuales por el hecho de que nació con el pelo blanco, una característica que parece haber sido asociada con orígenes demoníacos. (Veremos esto más adelante en la descripción del Demonio Blanco al que se enfrentó Rostam).

El padre de Zal inicialmente abandona a su hijo, que es rescatado y criado por el temible pero amable Simurg, cuya crianza convierte al ya extraordinario Zal en un gran héroe. El simurg es un animal de la mitología persa con cuerpo de pájaro y cabeza de león. El simurg es siempre hembra, pero a veces también tiene cola de pavo real. En la antigua cultura iraní, el simurg estaba asociado tanto con la fertilidad como con la realeza.

Una vez hubo un poderoso guerrero llamado Sam, que sirvió en la corte del rey Manuchehr. Sam era fuerte, valiente y leal, y ganó todas las batallas que libró. Sin embargo, también estaba muy triste porque no tenía hijos. Oró muchas veces para que Dios aliviara su tristeza y, finalmente, esas oraciones fueron respondidas. Una de sus esposas quedó embarazada y, cuando llegó su momento, dio a luz a un niño fuerte y saludable. El bebé estaba bien formado en todos sus miembros, y su rostro era el más hermoso que nadie había visto, con hermosos ojos oscuros. Solo había una cosa extraña en este niño: su cabello era tan blanco como la nieve.

Las mujeres de la casa de Sam tenían miedo de contarle a Sam sobre su hijo porque temían que se enojara si supiera que el bebé tenía el pelo blanco como el de un anciano.

Después de una semana, la nodriza del niño reunió todo su valor y fue a contarle a Sam sobre el nacimiento de su hijo.

"Que complazca a su honor, y que viva para siempre en una gran prosperidad, con todos sus enemigos bajo sus pies, un niño ha nacido para usted", dijo.

"¡Bendito sea Dios! Finalmente, mi deseo se ha cumplido. Ven, cuéntame sobre el chico. ¿Está sano? ¿Es hermoso? ¿Cómo está?" dijo Sam.

"Su hijo es tan hermoso como un día de verano. Todos sus miembros están bien formados. Su rostro es tan hermoso y radiante como el sol, y tiene hermosos ojos oscuros".

"Ah, qué bueno escuchar eso. Dime más".

"Como dije, señoría, el niño está sano y hermoso. Solo hay una cosa en él que podría ser malo... tiene el pelo tan blanco como la nieve".

Al escuchar esto, Sam fue inmediatamente a las habitaciones de mujeres para ver a su hijo. El niño era todo lo que la enfermera había dicho que era: hermoso, radiante y fuerte. Pero todo esto se vio empañado a los ojos de Sam por la mata de pelo blanco puro del chico.

"¿Qué he hecho yo para merecer esto? ¿Qué pecado he cometido para que mi hijo sea condenado a parecer un anciano el día de su nacimiento? La gente pensará que es el hijo de un demonio, y yo nunca podré mostrar mi cara de vergüenza", gritó Sam.

Sam luego ordenó a sus hombres que llevaran al niño, ahora llamado Zal por su cabello blanco, a las montañas. "Colóquenlo en la ladera. Si alguien desea criar a esa miserable criatura, que se lo lleven. No quiero tener nada más que ver con él".

Así, el niño Zal fue llevado a las montañas y abandonado en la ladera, completamente solo.

Esas montañas eran el hogar del Simurg, y era allí donde ella tenía su nido y crió a sus polluelos. Tan pronto como los hombres de Sam dejaron al bebé Zal en la ladera, el Simurg voló en busca de carne para alimentar a sus crías. El Simurg volaba de un lado a otro en busca de algún animal o pájaro que pudiera ser buena comida para sus polluelos. De repente, escuchó el chillido de un bebé. Bajó al lugar de donde provenía el sonido, y allí vio al bebé, desnudo sobre la roca, sin nadie que lo atendiera.

Me pregunto quién dejó a este niño aquí, pensó el Simurg. *Pero no importa. De dónde viene no es importante si alimenta a mis polluelos.*

El Simurg tomó al bebé en sus garras y voló de regreso a su nido. Cuando llegó, colocó al bebé en el nido, pensando que sus polluelos se darían un festín con su carne, pero en cambio, sucedió algo extraño y maravilloso. Cuando el Simurg y sus crías miraron al niño y escucharon sus gritos, se compadecieron de él y no lo devoraron.

El Simurg salió a cazar de nuevo y esta vez trajo una cabra. Alimentó con parte de la cabra a sus crías y luego le dio un poco al bebé. De esta manera, el Simurg crió a Zal como si fuera suyo y, con el tiempo, se convirtió en un joven fuerte con hombros poderosos y un pecho ancho. Las caravanas que pasaban cerca de la morada del Simurg a veces veían al muchacho, y pronto empezaron a contarse historias sobre él por toda Persia.

Sam pronto escuchó hablar de este maravilloso joven de cabello blanco, pero no prestó atención a las historias hasta que una noche tuvo un sueño. En el sueño, un hombre de la India cabalgaba hacia él en un caballo árabe.

El hombre dijo: "Mi señor, les traigo noticias de su hijo, Zal. Vive en las montañas, en el nido del Simurg. Es fuerte como un buey y valiente como un león, y su belleza es radiante como el sol".

Cuando el hombre entregó su mensaje, Sam se despertó.

Sam no sabía cómo interpretar su sueño. Llamó a sus sacerdotes y otros sabios.

Les contó su sueño y les dijo: "Ustedes son los hombres más sabios de toda Persia. ¿Qué creen que significa esto?".

Los sacerdotes y los sabios respondieron: "Todas las criaturas del mundo aman a sus crías y las crían con bondad. Incluso el leopardo más feroz se ocupa de sus cachorros. Pero ha tratado a su hijo de la manera más perversa. Lo abandonó cuando era un niño, dejándolo morir en la ladera de la montaña. Debe rogar el perdón de Dios, pues su pecado ha sido grande".

El corazón de Sam quedó muy preocupado con estas palabras, y cuando cayó la noche, tuvo otro sueño. Soñó que estaba en la India, al pie de una montaña. Ante él había un gran ejército, dirigido por un hermoso esclavo. A un lado del esclavo había un sabio, y al otro, un sacerdote.

Uno de ellos se acercó y le dijo a Sam: "Has pecado enormemente ante Dios. Oraste por un hijo, pero cuando Dios te concedió tu deseo, echaste a tu hijo al desierto. ¿Por qué debería preocuparte tanto su cabello? Después de todo, tu cabello y tu barba son blancos como la nieve, pero te consideras un buen hombre. Es una suerte que el amor de Dios sea mayor que tu vergüenza y que haya enviado al Simurg a cuidar de tu hijo, el hijo que pediste y luego despreciaste".

Ante esto, Sam gritó en sueños.

Por la mañana, Sam convocó a sus principales consejeros y a los líderes de su ejército y partió hacia las montañas donde vivía el Simurg. Sam viajó a través de las montañas hasta que finalmente llegó al más alto y escarpado de todos los picos, y en la cima estaba el nido del Simurg. El nido estaba hecho de ébano y sándalo entrelazados y parecía un gran palacio.

Cuando Sam vio el nido, cayó de rodillas e inclinó la cara hacia el suelo.

Sin levantar los ojos, oró: "Oh Dios que ha creado todas las cosas, le doy gracias por el gran Simurg, la más poderosa de todas sus criaturas. Oh, Dios, que es el más justo y el más poderoso, escuche mi oración. Si el joven que vive con el Simurg es en verdad mi hijo y no el hijo de un demonio, ayúdeme a encontrar el camino hacia él".

Mientras Sam se arrodillaba y rezaba, el Simurg lo vio allí, al pie de la montaña, y supo que había llegado el momento de que su hijo humano regresara con su pueblo.

El Simurg le dijo al joven: "Has crecido en mi nido y eres como uno de mis propios polluelos. Pero ahora tu padre humano espera al pie de la montaña, y debo llevarte con él".

"No me quiero ir. Este es mi hogar. ¿He sido una carga? ¿Es por eso que deseas deshacerte de mí?" dijo Zal.

El Simurg respondió: "Este nido puede haber sido tu hogar, pero el destino te tiene reservado un hogar aún más glorioso. Tu padre no es otro que el héroe Sam, que vive en un palacio mucho más hermoso que mi nido. Toma, toma dos de mis plumas. Si alguna vez me necesitas, coloca una pluma en el fuego y llámame. Tomaré la forma de una nube negra y vendré a buscarte aquí".

Entonces el Simurg tomó suavemente al joven en sus garras y voló hacia donde estaba esperando su padre. Su corazón estaba muy apesadumbrado, porque no quería separarse del joven a quien había criado como si fuera suyo. El Simurg colocó a Zal suavemente frente a Sam, quien se inclinó ante el gran pájaro y le hizo mucho honor.

Cuando Sam miró a su hijo, derramó lágrimas de alegría, porque Zal era aún más hermoso de lo que decían los cuentos. Era alto y fuerte, con un pecho poderoso y miembros poderosos, y su cabello blanco fluía sobre sus hombros hasta la mitad de su cuerpo. Sam arrojó una capa sobre el cuerpo de su hijo y lo condujo por la ladera de la montaña, donde el joven estaba vestido con ropa propia de un rey. Entonces Sam montó a Zal en el mejor de sus caballos.

Cuando el ejército vio al hijo de Sam, lo vitorearon y se regocijaron, porque ninguno de ellos había visto nunca a un joven tan hermoso o fuerte, y se alegraron de que se hubiera reunido con su padre. Sam ordenó que se montaran bateristas sobre elefantes y lideraran el ejército, tocando todo el camino de regreso a casa.

A las puertas de la ciudad, todo tipo de músicos esperaban el regreso de Sam. Tan pronto como vieron acercarse a su ejército, soltaron un gran estruendo de trompetas, platillos y tambores para celebrar el regreso a casa de Sam con su hijo Zal, y toda la ciudad se dispuso a festejar.

Las siete pruebas de Rostam

Rostam es quizás el héroe más grande del antiguo mito persa. El hijo de Zal, a quien conocimos en la historia anterior, tiene todas las cualidades que uno esperaría de un campeón. Rostam es sobrenaturalmente fuerte y hábil con las armas, y es tan alto y pesado que ningún caballo ordinario puede soportar su peso. Un número significativo de los cuentos del Shahnameh *están dedicados a las hazañas de Rostam.*

El compañero más cercano de Rostam es Rakhsh, un semental que puede entender el habla humana. Como Rostam, Rakhsh tiene cualidades sobrenaturales. Es un ruano castaño, pero en lugar de cabellos blancos mezclados con el castaño, Rakhsh tiene pelos dorados. De todos los caballos en Persia, solo Rakhsh es lo suficientemente grande y fuerte como para llevar tanto a Rostam como a sus armas, inclusive su maza gigante.

"Las Siete Pruebas de Rostam" relata los hechos de Rostam mientras cabalga para rescatar al rey persa Kavus y su ejército después de que cayeran en las garras de un demonio maligno durante una campaña para destruir Mazandaran, un país dominado por seres del mal. Es el padre de Rostam, Zal, quien le ordena llevar a cabo este rescate, diciéndole que este hecho es la razón por la que nació Rostam y lo que estaba destinado a hacer. Rostam acepta y promete no volver a menos que salga victorioso.

(Nota sobre la terminología: en esta historia, las distancias se dan en unidades persas antiguas llamadas parasangs*. Un parasang era la distancia que un hombre podía caminar en una hora y equivale a unos seis kilómetros o unas tres millas).*

La primera prueba: el león

Cuando Rostam se enteró de que el rey Kavus y su ejército estaban en las garras de un demonio maligno, tomó sus armas, ensilló su caballo y emprendió el camino que lo llevaría a Mazandaran. Rostam cabalgó todo el día y hasta bien entrada la noche, y cuando llegó el amanecer, se sintió cansado y hambriento.

Siguió cabalgando hasta que llegó a una llanura donde pastaba una manada de asnos salvajes. Rostam sacó su lazo e instó a Rakhsh a galopar. Rostam y Rakhsh persiguieron a uno de los asnos, y pronto Rostam capturó a uno y lo mató. Rostam luego encendió un fuego y desolló al asno, y cuando todo estuvo listo, asó la carne y se la comió directamente del hueso. Sin embargo, Rostam no solo pensó en su hambre, le quitó las riendas a Rakhsh y lo soltó para que pastara en la buena hierba que crecía en ese lugar.

Con el hambre saciada, Rostam fue al río más cercano y cortó suficientes cañas para hacerse una cama cómoda. Se acostó junto al fuego y se durmió, mientras Rakhsh lo vigilaba.

Ahora, Rostam y Rakhsh no sabían que detrás del lecho de juncos estaba la guarida de un león. El león había salido a cazar cuando llegó Rostam, pero regresó a casa poco después de que Rostam se durmiera. El león miró al gran guerrero que yacía sobre un lecho de juncos, y luego miró al caballo. Calculando que sería prudente matar primero al caballo, el león se abalanzó sobre Rakhsh. El león no era rival para el caballo. Rakhsh enfrentó el asalto del león con sus cascos, partiendo el cráneo del león en dos. Entonces Rakhsh hundió sus dientes en la espalda del león y arrojó al animal al suelo para luego pisotearlo con sus cascos hasta que el león quedó completamente desmembrado.

Rostam se despertó durante la noche y vio lo que quedaba del león.

Le dijo a Rakhsh: "¿Por qué lidiaste con ese león tú solo? No fue muy inteligente, no cuando estaba aquí para ayudarte. ¿Qué habría hecho yo si el león te mataba? No puedo caminar hasta Mazandaran. La próxima vez, despiértame. No luches solo".

La segunda prueba: el manantial de agua

Por la mañana, Rostam dijo sus oraciones y luego le dio a Rakhsh un masaje y le puso la silla. Rostam tomó sus armas y montó su caballo. Instó a Rakhsh a que siguiera adelante, por lo que comenzaron la siguiente parte de su viaje.

Su camino los condujo por un desierto, y después de muchas millas, tanto Rostam como Rakhsh fueron atacados por la sed. Rakhsh tropezaba de cansancio y jadeaba, mientras que Rostam tenía su cuerpo débil y sus labios resecos y agrietados. Rostam desmontó y llevó a Rakhsh por las riendas.

Rostam volvió los ojos al cielo y dijo: "Dios Todopoderoso, te pido misericordia. Sabes que mi tarea es rescatar al rey Kavus de los demonios y que hago esto porque tú lo ordenas. Ten piedad de todos nosotros, que caminamos en esta tierra y estamos atormentados por la sed".

Tan pronto como terminó su oración, el poderoso Rostam cayó a la tierra polvorienta, incapaz de dar ni un paso más hacia adelante. En ese momento, un carnero gordo cruzó corriendo el camino y Rostam se alegró.

"Ven, Rakhsh. Sigamos a ese carnero. Es tan elegante y gordo, debe haber agua cerca. Dios seguramente ha enviado al carnero como señal de su misericordia y compasión", dijo.

Rostam y Rakhsh siguieron al carnero, que pronto los condujo a un arroyo de agua dulce que fluía alegremente.

Rostam dijo: "¡El único Dios verdadero es mi Dios, y bienaventurados los que confían en él!". Luego gritó detrás del carnero: "¡Bendiciones sobre ti, amigo! ¡Que siempre tengas la mejor hierba y el agua más clara, y que ninguna bestia te tome como presa! ¡Que nunca te alcancen las flechas de los cazadores! ¡Si no fuera por ti, mi caballo y yo seguramente seríamos carroña para los buitres!".

Rostam desensilló a Rakhsh y ambos bebieron profundamente. Rostam se quitó toda la ropa y se bañó en el agua clara y fresca, y cuando se sintió limpio, se dio cuenta de que tenía hambre. Por lo tanto, tomó su arco y flechas y fue en busca de algo para comer. Se topó con un asno salvaje, al que derribó con una flecha y luego lo despellejó. Asó la carne a fuego abierto y se la comió directamente del hueso. Cuando terminó su comida, regresó al arroyo y bebió profundamente el agua fresca.

Satisfecho en cuerpo y alma, Rostam se acostó cerca del fuego y le dijo a Rakhsh: "Recuerda lo que dije: no pelees solo. Despiértame si algún demonio o bestia peligrosa viene aquí".

Entonces Rostam se fue a dormir y Rakhsh pastaba cerca, vigilando a su amigo.

La tercera prueba: el dragón

Rakhsh pastó pacíficamente hasta la medianoche cuando, en la distancia, vio a un enorme dragón que se dirigía hacia él y Rostam. Le dio un codazo a Rostam para despertarlo, pero cuando Rostam se levantó, el dragón se escondió en las sombras para que no lo vieran.

"¿Saltando a las sombras, viejo amigo?" dijo Rostam, que estaba molesto por haber sido despertado. "No me despiertes a menos que haya algo realmente allí".

Luego Rostam se acostó y volvió a dormirse.

Tan pronto como el dragón vio que Rostam había regresado a su descanso, nuevamente comenzó a deslizarse hacia el campamento del héroe. Una vez más, Rakhsh despertó a Rostam, y nuevamente, el dragón se escondió para que Rostam no viera nada. Rostam estaba muy enojado esta vez.

"¿Qué te pasa? Lo juro, si me despiertas de nuevo y veo que no hay nada allí, te cortaré las patas y caminaré hasta Mazandaran", dijo Rostam.

Se acostó por tercera vez y volvió a dormirse, y por tercera vez, el dragón reanudó su camino hacia el héroe. De su boca salían humo y llamas, pero Rakhsh no se atrevió a despertar a Rostam por tercera vez. Rakhsh se escapó del monstruo, pero luego su amor por Rostam lo hizo regresar al galope. Esta vez, en lugar de despertar a Rostam suavemente, Rakhsh relinchó y pateó el suelo. Rostam se despertó, completamente furioso, pero esta vez, el dragón no se escondió lo suficientemente rápido y Rostam lo vio.

Rostam desenvainó su espada y le dijo al dragón: "Dime tu nombre. No me gusta matar a mis enemigos sin saber quiénes son, y tengo la intención de matarte".

El dragón respondió: "Yo soy el que gobierna en este lugar. Mis garras son más afiladas que puntas de lanza, y ni el hombre ni la bestia se atreven a pisar esta tierra. Incluso las águilas temen volar por encima de él y las estrellas temen brillar. Ahora dime tu nombre porque tu madre pronto llorará por ti".

"Soy Rostam, hijo de Zal, hijo de Sam, del linaje de Nariman", dijo Rostam, y en ese momento, el dragón saltó sobre él y se produjo una batalla.

Rostam luchó bien, pero pronto el dragón usó su peso contra él y Rostam vaciló. Cuando Rakhsh vio esto, corrió para ayudar a su amigo, embistiendo al dragón con su propio cuerpo y derribando a la gran bestia serpenteante. Entonces Rakhsh atacó con pezuñas y dientes, e incluso Rostam se maravilló de la ferocidad del caballo.

Finalmente, Rostam vio su oportunidad. Atacó con su espada y cortó la cabeza del monstruo. De la herida brotó sangre venenosa que acabó filtrándose en el suelo del desierto y disolviendo la tierra. Rostam nunca había visto tanta sangre y nunca había conocido un veneno tan mortal, y tenía miedo. Se fue a un arroyo cercano y se lavó el cuerpo y la ropa, rezando todo el tiempo.

Cuando terminó su oración y su baño, Rostam montó en su caballo y reanudó su viaje.

La cuarta prueba: la bruja

Rostam viajó el resto de la noche y llegó al día siguiente. Cuando el sol comenzó a ponerse, llegó a un hermoso país sombreado por muchos árboles, por donde corría un río de agua clara. Cerca del río, habían preparado una comida, con aves asadas amontonadas en platos y cuencos llenos de arroz mezclado con dátiles y especias, pepinos frescos y frutas confitadas, copas de vino y cojines finos para sentarse. Se trataba de una fiesta preparada para los hechiceros que vivían en esa tierra, pero los hechiceros habían huido y se habían escondido cuando oyeron que se acercaban los cascos de Rakhsh.

Rostam desmontó y desensilló a Rakhsh cuando vio el banquete sin nadie allí para disfrutarlo. Luego se sentó frente a la comida y vio un laúd entre los cojines, fuentes y platos. Rostam tomó el laúd y empezó a tocarlo. Para divertirse, inventó una canción para acompañar la melodía que tocaba.

Rostam soy yo, héroe valiente y audaz,
Mis días están contados, no viviré para ser viejo.
Soy un paladín, viajo a donde están las batallas,
No tengo colchón de plumas, duermo bajo las estrellas.
Demonios, dragones, guerreros todos
Caen bajo del poder de mi espada.
A través de desiertos brillantes y altas montañas
Viajo una y otra vez, y rara vez
Encuentro un lugar de descanso, de paz y abundancia,
Con vino, canciones y amigos a mi alrededor.
No, luchar con demonios es mi destino
Porque ese es el verdadero estado del héroe.

Entre los hechiceros había una bruja, y cuando ella escuchó la canción de Rostam, decidió ver qué clase de hombre era. Se disfrazó de una hermosa joven vestida con las más finas sedas, con el cabello negro suelto y hermosos ojos oscuros.

Se sentó junto a Rostam y dijo: "Saludos, forastero. Por favor, disfrute de la comida y el vino, pero mientras tanto, dígame quién es y de dónde es".

Cuando la mujer se sentó, Rostam apenas podía creer su suerte, y alabó a Dios en su corazón por enviarle no solo esa buena comida y bebida, sino también una hermosa mujer con quien compartirla.

Rostam le entregó a la mujer una copa de vino y dijo: "Soy Rostam y he viajado muy lejos. Demos gracias a Dios por este banquete y por poder disfrutarlos juntos".

Ante la mención del nombre de Dios, el rostro de la bruja se volvió borroso y retorcido.

Rostam rápidamente tomó su lazo y atrapó la cabeza de la bruja con él, y cuando la tuvo bien atada, Rostam dijo: "Dime quién eres en realidad. Muéstrame tu verdadero yo".

El rostro y el cuerpo de la joven cambiaron hasta convertirse en una vieja bruja marchita frente a Rostam. Maldijo tanto a Dios como a Rostam, y ante esto, Rostam supo que era una bruja.

Tomó su daga y la cortó en dos, y cuando los otros hechiceros vieron esto, se asustaron y permanecieron escondidos.

La quinta prueba: la captura de Olad

Rostam dejó atrás la tierra de los hechiceros y cabalgó hasta que llegó a un país donde todo era negro como la noche. Ni el Sol ni la Luna ni las estrellas eran visibles. Rostam siguió su camino hacia adelante con todo el cuidado que pudo, sin saber cómo sería el camino, ni lo que se avecinaba en la oscuridad total. A pesar de todos sus horrores, la oscura tierra resultó ser un lugar relativamente pequeño, y pronto Rostam y Rakhsh emergieron a la luz como detrás de una cortina, y se encontraron en un lugar tranquilo lleno de colinas verdes y onduladas y campos agradables en los que el nuevo trigo estaba creciendo. El sol brillaba y el aire era muy cálido, y pronto Rostam descubrió que su ropa y casco estaban empapados de sudor. Sintiendo la necesidad de descansar un poco, Rostam desmontó y le quitó las riendas a Rakhsh para que pueda pastar. Entonces Rostam se quitó el casco y la armadura, que estaba hecha de piel de tigre, y cuando su casco y su ropa se secaron, se puso el casco y la armadura de nuevo y luego se acostó a dormir mientras Rakhsh mordisqueaba los brotes de trigo.

Rostam no había dormido mucho cuando de repente un hombre que había sido encargado de proteger el trigo vio a Rakhsh deambulando por el campo y comiendo hasta saciarse. El hombre corrió hacia donde yacía Rostam y le dio un golpe en las piernas con un palo.

"Tú. Ey, tú. ¡Despiértate! ¿Ese es tu caballo? ¿Por qué lo has dejado suelto? ¿No sabes que esta es la tierra de otra persona? ¿Qué te hace pensar que está bien dejar que tu caballo arruine una cosecha perfecta? ¡Toma tu caballo y vete! No son bienvenidos".

Rostam se despertó, enfurecido por las palabras del hombre y por los golpes que recibió. Rostam se levantó de un salto, agarró las orejas del hombre, se las arrancó de la cabeza y las tiró al suelo.

"Tú... demonio!" gritó el hombre. "¡Eres un diablo! ¡Ahriman en carne y hueso! ¿Cómo te atreves? ¡Espere a que mi maestro se entere de esto!".

Entonces el hombre levantó sus orejas y se escapó.

El sirviente que había estado observando el trigo trabajaba para un hombre llamado Olad. Olad era un joven de buena familia y se había pasado el día cazando con sus amigos. El sirviente corrió hacia Olad justo cuando llegaba a casa e invitaba a sus amigos a entrar a tomar un poco de vino. El sirviente mostró sus orejas ensangrentadas a Olad y le contó sobre el hombre horrible y el caballo monstruoso que estaban arruinando los campos de trigo. Olad y sus amigos montaron rápidamente en sus caballos y cabalgaron como el viento para ver quién estaba pisoteando las cosechas de Olad.

Cuando Rostam vio a Olad y sus amigos cabalgando hacia él, montó en Rakhsh y desenvainó su espada reluciente.

Olad detuvo su corcel ante Rostam y dijo: “Dime tu nombre y a quién sirves. Esta es mi tierra, y no permitimos que hombres violentos hagan lo que quieran aquí".

“Mi nombre es Rostam, y ese nombre debería congelar tu sangre. ¿Seguro no has oído hablar de mí? Debes saber que no importa cuántos hombres traigas contra mí, nunca me derrotarás".

Entonces Rostam avanzó contra el grupo de jóvenes nobles y comenzó a rodearlos con su espada. Olad y sus amigos hicieron girar a sus caballos y huyeron, pero no antes de que Rostam hubiera decapitado a varios de los jóvenes.

Rostam tomó su lazo. Tan pronto como estuvo dentro de su alcance, enlazó a Olad y lo tiró de su caballo. Rostam se bajó del caballo y ató a su enemigo.

"Ahora, si sabes lo que es bueno para ti, me dirás lo que quiero saber y me dirás la verdad. Dime dónde puedo encontrar al Demonio Blanco y los demonios Kulad Ghandi y Bid, y dime dónde están prisioneros el rey Kavus y su ejército. Haz lo correcto y me ocuparé de que te conviertan en rey de Mazandaran cuando termine de lidiar con mis enemigos en ese país".

Olad respondió: "No hay necesidad de violencia. Te diré todo lo que quieras saber y te diré la verdad. Te mostraré dónde está el Demonio Blanco y cómo llegar a donde está Kavus. Los demonios viven a unos cien parasangs de aquí. El lugar donde reside Kavus está a cien parasangs más adelante, y los otros doscientos parasangs están repletos de peligros. Todo el lugar está plagado de demonios liderados por Kulad Ghandi, con Bid y Sanjeh peleando a su lado, y aunque te consideres feroz y belicoso, no puedes contra las criaturas que viven en esos lugares.

Luego, tendrás que atravesar una tierra llamada Bargush, donde todas las personas tienen cabezas de perro, y si pensabas que Kulad Ghandi y su tripulación eran malos, espera a ver lo que te espera al otro lado de Bargush. Allí hay seiscientos mil soldados bien montados, todos con las mejores armas y armaduras, y además hay mil doscientos elefantes de guerra. Nadie puede sobrevivir a eso, ni siquiera el gran Rostam".

Cuando Rostam escuchó esto, se rió en voz alta. "Ese viaje no parece nada difícil. De todos modos, cuando esos demonios me vean venir, todos huirán gritando, pero será en vano porque cazaré hasta el último de esos malvivientes y los partiré en dos con mi espada. Y a los que no corte, los aplastaré con mi maza. Va a ser un gran trabajo, así que es mejor que comencemos. Vamos".

La sexta prueba: la batalla con Arzhang

Rostam y Olad cabalgaron durante el resto del día y la noche siguiente. Cuando llegaron a la llanura al pie del monte Aspruz, donde los demonios habían derrotado a Kavus y su ejército, pudieron ver las fogatas de un gran ejército a la distancia.

De repente, se oyó un gran grito y rugido, y Rostam le dijo a Olad: "¿Qué es este lugar? ¿Quién está haciendo ese escándalo terrible?".

"Ese es el campamento de los demonios que custodian la frontera de Mazandaran. Kulad Ghandi es su líder, y los demonios Arzhang y Bid también están allí. Todo el ejército ha prometido su lealtad al Demonio Blanco, y ellos son los que hacen ese ruido", respondió Olad.

"Bien, pararemos aquí a pasar la noche. Este parece un lugar tan seguro como cualquier otro. Dormiremos un poco, pero ni pienses en escapar si es que valoras tu vida".

Rostam y Olad durmieron y, por la mañana, Rostam ató a Olad a un árbol y tomó sus armas. Montó en Rakhsh y se dirigió hacia Mazandaran, con el casco en la cabeza y la armadura de piel de tigre sobre su cuerpo. En el camino, pensó en cómo podría derrotar a su enemigo y decidió buscar primero a Arzhang y luego ver qué debía hacer a partir de ahí. Cuando Rostam llegó al borde del campamento de los demonios, lanzó un gran grito de guerra. El grito fue tan fuerte que hizo eco en toda la montaña y partió las rocas al medio.

Arzhang escuchó el grito de Rostam y salió corriendo de su tienda para ver quién había hecho ese sonido tan aterrador. Rostam vio a Arzhang salir de su tienda, por lo que instó a Rakhsh a galopar. Rostam rugió en el campamento de los demonios, y cuando se acercó a Arzhang, tomó al demonio por las orejas y le arrancó la cabeza con sus propias manos. Luego arrojó la cabeza de Arzhang a un lado y sacó su maza. Los demonios que se habían apresurado a defender a Arzhang vieron a Rostam comenzar a blandir su maza y huyeron aterrorizados. Rostam desenvainó su espada y cabalgó tras ellos asesinando a todos los demonios mientras algunos corrían a las montañas para esconderse.

Terminada la batalla, Rostam regresó al lugar donde había acampado la noche anterior y liberó a Olad del árbol.

"Bien, acabé con Arzhang y su tripulación. Ahora llévame al rey Kavus", dijo Rostam.

Olad llevó a Rostam a la ciudad donde los demonios habían alojado al rey y su ejército. Tan pronto como llegaron a las afueras de la ciudad, Rakhsh lanzó un gran relincho que sonó en el aire.

Dentro de la ciudad, Kavus dijo: "¿Escuchaste eso? ¡Ese es el relincho de Rakhsh! ¡Rostam está aquí y pronto seremos libres!".

Tan pronto como Kavus dijo estas palabras, Rostam se acercó a él. Todos los persas se apiñaron alrededor, vitoreando, y Kavus saludó a Rostam con gran alegría.

"¡Oh, muy bienvenido, Rostam! Nunca había sido más bienvenido. Venga, cuéntenos sobre su viaje y cuéntenos cómo está su padre Zal".

"Mi padre está muy bien, oh mi rey, excepto que está muy preocupado por su situación y espera todos los días la noticia de que regresará a casa. Mi viaje ha sido largo, pero ya he matado a Arzhang y a muchos de sus seguidores, y espero librar a la tierra antes de que esto termine", respondió Rostam.

"También espero el día en que pueda regresar a casa, con mucha impaciencia, pero ese día no llegará si no se apresura y mata al Demonio Blanco cuanto antes. Una vez que se entere de la muerte de Arzhang, enviará a sus soldados demoníacos fuera de las montañas, y habrá tantos de ellos que ni siquiera usted, Rostam, podrá vencerlos. Para llegar a la guarida del Demonio Blanco, tendrá que ir a las montañas, todas patrulladas por soldados-demonios. En las montañas, encontrará una gran caverna oscura. Ahí es donde vive el Demonio Blanco. Si va a la caverna y lo mata, los otros demonios huirán porque no sabrán qué hacer sin líder.

Pero escuche, Rostam. Aquí somos más que prisioneros: los demonios nos han quitado la vista. Por eso pueden ponernos en esta ciudad y no preocuparse por los guardias. Si puede, tráiganos un poco de la sangre del Demonio Blanco. Los doctores eruditos nos han dicho que esta es la cura para nuestra ceguera si la usamos como un bálsamo para nuestros ojos".

"Me iré ahora mismo, entonces. Voy a rastrear a este Demonio Blanco y destruirlo, y con suerte, Dios me dará la fuerza que necesito. De lo contrario, tendrá que languidecer aquí quién sabe cuánto tiempo. ¡Pero mantenga el coraje! Todavía no he sido derrotado y estoy seguro de que pronto volverán a casa con sus familias".

La séptima prueba: la batalla con el Demonio Blanco

Rostam se preparó para su batalla con el Demonio Blanco y luego cabalgó hacia las montañas con Olad como guía. Muy pronto, pudieron ver la caverna que Kavus había descrito y los muchos soldados-demonios que se encontraban entre Rostam y la guarida del Demonio Blanco.

Rostam le dijo a Olad: "Has sido fiel a tu promesa de decirme la verdad. Ahora te pido la verdad una vez más. Dime cómo puedo atravesar a esos soldados para encontrar al Demonio Blanco y matarlo".

Olad respondió: "Tienes que esperar hasta el mediodía cuando el sol está más alto y el día es más cálido. La luz y el calor hacen que los demonios se duerman, y entonces será más fácil derrotarlos. Ten cuidado: algunos de ellos son hechiceros y no duermen en absoluto. Pero si Dios está de tu lado, deberías poder vencerlos fácilmente".

Rostam siguió el consejo de Olad y esperó hasta el mediodía para ir a la cueva del Demonio Blanco. Cuando llegó el mediodía, ató a Olad con su lazo. Luego montó sobre Rakhsh, rugió haciendo eco en las montañas, desenvainó su espada y cabalgó para enfrentarse a sus enemigos. Los demonios nunca tuvieron una oportunidad, porque Rostam cabalgaba a través de sus filas como una guadaña entre el heno. Cortó las cabezas de todos los demonios y pronto todos cayeron muertos.

A continuación, Rostam se preparó para entrar en la cueva del Demonio Blanco. Rostam nunca había visto una cueva tan oscura y húmeda, y nunca se había enfrentado a un enemigo tan temible. Se paró frente a la entrada de la cueva por un momento, su corazón latía con esperanza y miedo. Luego dio un paso adelante y miró hacia las sombras, tratando de ver a su enemigo. Al principio, no podía ver nada más que oscuridad, pero después de un tiempo, una forma enorme se hizo visible en la oscuridad. Rostam siguió mirando y pronto pudo distinguir una enorme cabeza de cabello blanco sobre un cuerpo negro del tamaño de una pequeña montaña. De repente, la figura saltó hacia Rostam, y Rostam vio lo que era: era el Demonio Blanco, vestido con una armadura como él, listo y dispuesto a luchar.

Rostam casi se acobarda, porque nunca había visto a un enemigo tan grande, fuerte o mortal. Sin embargo, reunió todo su coraje y atacó al Demonio Blanco. Su espada cortó una de las piernas del demonio. Sin embargo, esto no detuvo al demonio. Estaba herido, pero se propulsó hacia Rostam, y pronto los dos se enzarzaron en un combate cuerpo a cuerpo, rodando por el suelo y golpeándose hasta que el polvo se mezcló con su sangre y se convirtió en barro rojo. Tan fuerte y hábil era el demonio que Rostam comenzó a desesperarse por su vida.

Pero no podía parar ahora. O muero aquí o mato a este demonio. Porque si me escapo, no tengo esperanzas de conquistar Mazandaran. Todos se reirán de mí, pensó.

Este pensamiento le dio a Rostam un nuevo coraje. Lanzó su grito de batalla y arrojó al demonio al suelo. Entonces, Rostam sacó su daga y cortó la garganta del demonio. Rostam luego arrancó el corazón y el hígado del demonio. Cuando terminó el combate, Rostam miró a su alrededor y vio, como si fuera la primera vez, lo grande que era el Demonio Blanco y la cantidad de sangre que él y su enemigo habían derramado.

Rostam regresó al lugar donde había dejado a Olad y lo liberó de sus ataduras.

Le entregó el hígado del demonio a Olad, quien dijo: "Nunca he visto a un guerrero como tú. Incluso un león no habría escapado vivo de ese combate. Ahora tengo la esperanza de que mantengas tu palabra y me conviertas en rey de Mazandaran, porque seguramente no sería digno de un vencedor como tú el retractarte de esa promesa".

Rostam respondió: "Ciertamente cumpliré mi palabra y te haré rey de esta tierra. Pero antes de que eso suceda, tenemos muchas tareas que hacer y muchas batallas que pelear. Hay que lidiar con el Rey de Mazandaran y luchar contra hordas sobre hordas de demonios. Pero lo conseguiremos, y luego tú gobernarás".

Rostam regresa a Kavus

Rostam y Olad regresaron a la ciudad donde esperaban Kavus y sus hombres.

Rostam fue ante el rey y dijo: "Oh mi rey, escuche ahora sobre mi victoria contra el Demonio Blanco. Entré en su cueva y libré una batalla terrible con él, pero al final, le corté la garganta y le corté el hígado. ¿Qué podría hacer ahora por su gloriosa majestad?".

"Que sea bendecido por los siglos de los siglos, y que mi reino nunca esté sin su ayuda y el poder de su brazo. Y que su madre y su padre sean bendecidos para siempre por haberle dado a mi reino un campeón así", respondió Kavus.

Entonces, Rostam tomó un poco de sangre del hígado del demonio y la untó en los ojos de Kavus, y la vista del rey fue restaurada. Rostam restauró la vista de todos los soldados de Kavus, quienes luego establecieron un trono de marfil para su rey.

Kavus se sentó en el trono y celebró un consejo de guerra con Rostam y los generales del ejército, cada uno de ellos un poderoso héroe por derecho propio. Cuando se trazaron sus planes, los hombres lanzaron una gran fiesta para celebrar su libertad y la derrota del Demonio Blanco.

Después de una semana de música, baile y vino, Kavus y sus hombres se pusieron las armaduras y tomaron las armas. Atravesaron las ciudades de Mazandaran como un fuego furioso atravesando un campo de hierba seca.

Ni hombre ni mujer ni niño resistieron la ira de Kavus y sus generales, pero pronto Kavus ordenó que se detuviera la matanza, diciendo: "Hemos impuesto el castigo que esta tierra merece, así que dejaremos de saquear por ahora. Es hora de enviar un mensaje al rey de Mazandaran, para darle una opción sobre si vive o muere, y sobre lo que le ocurrirá a su país".

La primera carta al rey de Mazandaran

El rey Kavus llamó a su escriba y le dijo que tomara una carta de la más fina seda blanca y la perfumara con almizcle. Y decía así:

> *"De Kavus, rey de Persia, al rey de Mazandaran, saludos. Damos gracias a Dios por haber hecho los cielos y la tierra y habernos dado la capacidad de elegir entre el bien y el mal. Si sigue la fe verdadera y trata con justicia a sus semejantes, todos lo llamarán bienaventurado, pero si se apartas de Dios y hace el mal, el mal seguramente le sobrevendrá. ¿No ha visto lo que les ha sucedido a sus soldados? ¿No ha visto el destino de Arzhang, de Kulad Ghandi, de Bid, del Demonio Blanco? Debe saber que la única forma de salvarse es cederme el paso y convertirse en uno de mis súbditos porque si continúa resistiendo, no tendré más remedio que soltar al héroe Rostam en su reino, y no hay cómo escapar de su poder. Inclínese ante mí y pague tributo a Persia, y seguirá gobernando como rey de Mazandaran. Desafíeme y su destino será el mismo que el de Arzhang, el Demonio Blanco y todos los demás demonios que han muerto estos días".*

Cuando la carta fue escrita y sellada, el rey Kavus se la entregó a uno de sus generales, un hombre llamado Farhad, que era conocido no solo por su habilidad con la espada, sino también por su gran honradez.

"Lleva esta carta al rey de Mazandaran, y veremos si tiene un poco de sabiduría en esa cabeza demoníaca", dijo Kavus.

Farhad se inclinó ante el rey y luego se dirigió a la tierra de los Gorgsaran, un lugar donde los pies de la gente estaban hechos de cuero y los guerreros luchaban con dagas largas y afiladas. Esta tierra era el lugar donde residía el rey de Mazandaran en ese momento.

Cuando el rey se enteró de que un mensajero de Kavus se dirigía hacia allí, envió a tres de sus mejores guerreros a saludarlo.

"Ve y conoce a este tipo, y provócale tanto dolor como puedas. Provócalo a pelear contigo. Haz lo que sea necesario", dijo el rey.

Los guerreros fueron Farhad, luciendo tan feroces y belicosos como pudieron. Intentaron acosarlo con palabras, pero Farhad se mantuvo tranquilo y sereno. Cuando uno de los guerreros estrechó la mano de Farhad, apretó con tanta fuerza que muchos de los huesos de Farhad se rompieron, pero Farhad no dio señales de dolor. Los guerreros dejaron de intentar provocar a Farhad y lo llevaron ante el rey.

"Bienvenido. Espero que su gobernante esté bien y que su viaje no haya sido desagradable", dijo el rey.

"Mi rey está bien, gracias, y el viaje no fue arduo", dijo Farhad.

"Cuéntame qué necesitas".

"Le traigo una carta del rey Kavus". Farhad entregó la carta al rey de Mazandaran.

El rey entregó la carta a uno de sus escribas y le dijo: "Lee esto en voz alta".

El escriba comenzó a leer, y cuando el rey se enteró del destino de Arzhang y el Demonio Blanco, su corazón se llenó de dolor. Cuando el rey se enteró del poderío de Rostam y sus hechos, su dolor se mezcló con rabia. Cuando el escriba terminó de leer, los ojos del rey se llenaron de lágrimas.

"Toma seda y pluma", dijo el rey al escriba, "y escribe esta respuesta a Kavus, el rey de los persas. "A Kavus, rey de Persia, del rey de Mazandaran, saludos. He escuchado su carta y creo que es una tontería suponer que su reino es más glorioso que el mío. Tengo un ejército propio cuyo poder lo superará. Arrancarán la cabeza de todos sus guerreros y lo derrotaremos".

Cuando Farhad escuchó lo que dijo el rey de Mazandaran, no esperó a que le entregaran la carta. En cambio, montó en su caballo y se dirigió hacia el rey Kavus.

Farhad le contó al rey todo lo que le había sucedido y le relató la respuesta que el rey de Mazandaran había dado Rostam estaba allí y escuchó todo lo que dijo Farhad.

Rostam le dijo a Kavus: "Envíeme has el rey. Escriba otra carta, una que no deje ninguna duda sobre su intención bélica o el poder de u ejército. Llevaré la carta y haré algunas amenazas yo mismo".

Kavus estuvo de acuerdo con este plan y dijo: "Sí, hagamos lo que usted dice. Incluso el rey de Mazandaran se acobardará ante usted. Aún no se ha creado ningún hombre, ni bestia, ni demonio que pueda resistir su fuerza y habilidad".

La segunda carta al rey de Mazandaran

Cuando el escriba estuvo listo con seda y tinta, Kavus dictó esta carta al rey de Mazandaran:

> *"De Kavus, rey de Persia, al rey de Mazandaran, saludos. He leído su carta y me pregunto cómo un hombre sabio se rebaja a decir cosas tan tontas. Inclínese ante mí como mi súbdito. No tiene otra opción si quiere conservar su vida y su reino. Continúe desafiándome, y su reino será mío de todos modos, y su cadáver podrido quedará en el campo de batalla como alimento para los buitres".*

El escriba escribió la carta, la selló y luego se la dio a Kavus. Kavus se lo dio a Rostam, quien montó en Rakhsh y se alejó al galope en su misión. Los guardias del rey de Mazandaran vieron acercarse a Rostam desde lejos.

Uno de ellos corrió a darle la noticia al rey. "Oh mi rey, otro mensajero de Kavus está en camino, pero nunca había visto a alguien como él. Sus hombros son tan anchos como los de dos hombres, y seguramente, tiene la fuerza de un león o tal vez incluso de un elefante. Tiene un fino lazo colgando de su silla y una maza que incluso nuestro guerrero más poderoso no podría ni levantar. Está galopando hacia aquí en un caballo que es tan formidable como él".

El rey de Mazandaran eligió a tres de sus mejores guerreros y dijo: "Salgan y saluden a este nuevo mensajero. Ya saben qué hacer".

Cuando Rostam vio que los guerreros venían a saludarlo, se bajó de su caballo cerca de un gran árbol. Rostam arrancó el árbol de raíz y lo agitó como si fuera una lanza. Entonces Rostam tiró el árbol y cabalgó para encontrarse con los guerreros, que se habían detenido en seco y se quedaron boquiabiertos de asombro por lo que estaba haciendo Rostam.

"¡Saludos! Vengo del Rey Kavus y tengo un mensaje para el Rey de Mazandaran", dijo Rostam.

"Saludos. Hemos venido a llevarlo con nuestro gobernante", dijo el guerrero jefe.

El guerrero extendió su mano para un apretón de manos e intentó aplastar la mano de Rostam, pero Rostam apretó la suya sonriendo. El dolor fue tan grande que el guerrero se desmayó y se cayó del caballo. La caída lo devolvió a la conciencia, por lo que volvió a montar y cabalgó de regreso con sus compañeros para contarle a su rey lo que había sucedido.

El rey convocó a un guerrero llamado Kolahvar. Kolahvar era un jinete experto y el luchador más hábil de todo el reino. Todo el mundo le temía porque era feroz como un leopardo y nada le gustaba más que ir a la guerra y matar a sus enemigos.

El rey le dijo a Kolahvar: "Sal y recibe a este mensajero. Muéstrale de qué estás hecho. Hazle sentir tanta vergüenza que acabe llorando".

Kolahvar salió al encuentro de Rostam. Se mostró lo más feroz posible y gritó muchas cosas al héroe persa. Cuando finalmente Kolahvar decidió estrechar la mano de Rostam, apretó con tanta fuerza que la mano de Rostam estaba muy magullada, pero Rostam no dio señales de que sintiera ninguna molestia. En cambio, Rostam apretó la mano de Kolahvar con tanta fuerza que le arrancó todas las uñas. Kolahvar cabalgó hacia el rey y le mostró su mano destruida.

"¡Mire lo que me hizo! Si tiene algo de sabiduría, cederá y se someterá al Rey de Persia. Es la mejor manera de proteger a su gente y a usted mismo porque no hay forma de que podamos enfrentarnos a este guerrero y al ejército de Kavus", dijo Kolahvar.

Justo cuando Kolahvar terminó de hablar, Rostam entró en la sala del trono y se paró ante el rey.

El rey le pidió que se sentara y luego dijo: "Entonces, ¿has venido de parte de Kavus? ¿Cómo le va? ¿Cómo le va a su ejército?".

"Sí, mi Señor. Soy un mensajero del rey Kavus, al que le va bien, al igual que a su ejército", respondió Rostam.

"Me enteré de lo que le hiciste a Kolahvarl. Tú debes ser Rostam. Nadie más tiene ese tipo de fuerza".

"Oh, no, no soy Rostam. Ni siquiera soy digno de ser su sirviente. Él es mucho más fuerte y más hábil que yo". Entonces Rostam entregó la carta de Kavus al rey de Mazandaran, diciendo: "Aquí está la respuesta de mi gobernante a su tonta carta. Realmente debería hacer lo más sabio y repensar. Mi espada descansa incómoda en su vaina y anhela abrirse paso a través del cuello de sus guerreros".

El rey de Mazandaran se enfureció por la carta de Kavus y las audaces palabras de Rostam. "Vuelve con ese supuesto rey tuyo y dile esto: nunca me inclinaré ante él como súbdito, y no le pagaré tributo. Dile que tu arrogante orgullo será su ruina porque me ha provocado más allá de lo soportable. Reuniré a mi ejército y lo atacaré, y cuando lo encuentre cara a cara en la batalla, solo uno de nosotros quedará en pie, y ese seré yo".

Rostam miró al rey de Mazandaran y sus generales con desdén.

"Muy bien. Ha sellado su perdición", dijo.

Luego, salió del pasillo y regresó para contarle a Kavus todo lo que había visto y oído.

"No se preocupes por ese tonto y su ejército. No son rival para nosotros. Preparémonos y hagamos nuestro plan de batalla. ¡Tenemos hordas de demonios que destruir!" dijo Rostam.

La batalla entre el rey de Mazandaran y el rey de Persia

Tan pronto como Rostam partió para regresar a Kavus, el rey de Mazandaran comenzó a reunir su ejército y a consultar con sus generales sobre su plan de ataque. Hizo empacar el pabellón real para llevarlo al campo de batalla, y cuando su ejército estuvo reunido y en marcha, levantaron tanto polvo a medida que avanzaban que las montañas detrás de ellos y el cielo se oscurecieron de repente. Ese ejército era poderoso y temible, ya que además de los guerreros que iban a pie y a caballo, cientos de elefantes de guerra estaban entrenados para luchar tan ferozmente como cualquier guerrero humano.

Un mensajero le dijo a Kavus que el rey de Mazandaran se acercaba con su ejército, por lo que Kavus convocó a Rostam y sus generales para iniciar su plan de ataque. Cuando todos estuvieron de acuerdo en lo que se debía hacer, se reunió el ejército y se puso al mando a los generales. Instalaron sus pabellones en la llanura y dispusieron a sus guerreros de acuerdo con su plan. Los trompetistas tocaban sus fanfarrias de guerra y las montañas resonaban con la música. Kavus tenía un ejército tan grande que parecía un bosque de árboles de acero. El rey Kavus marchaba en el centro de su ejército, mientras Rostam cabalgaba a la cabeza.

Cuando ambos ejércitos llegaron a la llanura, se detuvieron a la espera de que comenzara la batalla. Pero primero, un gran guerrero de Mazandaran se acercó al ejército persa. El guerrero se llamaba Juyan y era el mejor luchador con maza de todo su país.

Juyan cabalgó de un lado a otro frente a los persas y gritó: "¡Un desafío! ¿Quién luchará conmigo, de campeón en campeón? ¿Quién probará que es el más poderoso?".

Los persas escucharon la voz de Juyan y vieron lo imponente que era, por lo que ninguno de ellos se atrevió a responder a su desafío.

Kavus dijo: "¿Tienes sangre en las venas o agua? ¿Ninguno de ustedes es un verdadero persa? ¿Quién peleará contra Juyan?".

Cuando ninguno de los guerreros persas respondió, Rostam se acercó al rey y le dijo: "Lucharé contra él, majestad. Déjeme hacerlo".

Kavus respondió: "Todo suyo. Vaya por la victoria".

Rostam tomó su lanza y galopó hacia la llanura entre los ejércitos. Envió un grito de guerra que resonó en las montañas e hizo temblar todo el campo de batalla.

Luego, llamó a Juyan: "¿Quién te crees que eres para desafiar al ejército del rey de Persia? Vete a casa o tu madre te llorará. Deja el servicio del demonio al que llamas rey, de lo contrario, no eres digno del nombre de guerrero".

Juyan dijo: "Palabras audaces, pero las palabras no me asustan. Deberías ir a casa tú mismo. Mi daga convertirá tu armadura en jirones, y es tu madre la que llorará".

Cuando Rostam escuchó las palabras de Juyan, comenzó a galopar. Rostam arrojó su lanza tan fuerte como pudo a Juyan, y lo golpeó en la mitad del cuerpo. Rostam lanzó la lanza con tanta fuerza que atravesó la armadura de Juyan como si estuviera hecha de seda y quedó clavada en el centro de su cuerpo, la punta de la lanza asomaba por la espalda del guerrero. Rostam se acercó a Juyan y lo arrojó al suelo, la lanza todavía atravesaba su cuerpo. Los soldados de Mazandaran palidecieron cuando vieron lo que Rostam le hizo a Juyan.

El rey de Mazandaran vio lo que les estaba sucediendo a sus soldados, así que gritó: "¡Hombres de Mazandaran! ¡Tengan ánimo! ¡Somos el ejército más grande y nuestra determinación es la más fuerte! ¡Ataquen ahora! ¡Victoria para Mazandaran!".

Los tambores de guerra sonaron y las trompetas de guerra sonaron a ambos lados mientras los ejércitos avanzaban unos sobre otros, y pronto se desarrolló la batalla. Las espadas centelleaban, el acero chocaba contra el acero, los elefantes rebuznaban y los caballos relinchaban mientras los dos ejércitos se golpeaban entre sí. La batalla fue de ida y vuelta durante una semana, sin que ningún ejército pudiera reclamar la victoria.

Cuando amaneció el octavo día sin resultados a la vista, un Kavus exhausto se quitó el casco y se arrodilló en el campo de batalla.

“Señor Dios de los cielos, escuche mi oración. Si alguna vez he hallado gracias en sus ojos, concédame la victoria sobre estos demonios”, dijo.

Luego, Kavus volvió a ponerse el casco y reunió a su ejército para otro ataque. Una y otra vez, los persas golpearon a las fuerzas de Mazandaran. Los generales persas luchaban como leones, y Rostam parecía estar en todas partes al mismo tiempo, los demonios caían a sus pies como hojas de árbol en otoño.

Rostam y sus compañeros se abrieron paso hacia el lugar donde el rey de Mazandaran se oponía, pero no pudieron atravesar las filas de Mazandaran. Rostam entregó su lanza a su escudero y tomó su maza. Dondequiera que golpeara con su maza, asestaba un golpe mortal, ya fuera a un soldado, a un caballo o a un elefante, y pronto en el suelo a su alrededor se amontonaban con los cadáveres, aunque el rey y sus compañeros aun luchaban ferozmente.

Rostam miró hacia arriba y vio que tenía la oportunidad de matar al rey. Tomó de nuevo su lanza y la arrojó con todas sus fuerzas. La lanza atravesó la armadura del rey y se alojó en su columna vertebral, pero en lugar de caer del caballo, muerto, el rey se convirtió en una roca de granito gigante, casi tan grande como una pequeña colina. Incluso Rostam se detuvo en seco por este hecho asombroso. Kavus vio a Rostam allí de pie, boquiabierto, y cabalgó hacia él.

"¿Por qué estás ahí parado mirando?" preguntó Kavus.

“Estaba en medio de la batalla y avanzaba hacia el Rey de Mazandaran. Me armé con mi maza y aniquilé al ejército de Mazandaran. Luego, tomé mi lanza y se la arrojé al rey. La lanza atravesó su cuerpo, pero en lugar de caerse de su caballo, se convirtió en esta enorme roca que ve ante usted".

Kavus ordenó que se llevaran la roca al campamento persa. Los hombres persas más fuertes se reunieron alrededor de la roca y trataron de levantarla, pero no pudieron moverla. Luego, Rostam se acercó a la roca, la rodeó con los brazos y, con un gran empujón, la levantó del suelo. Llevó la piedra de regreso al campamento persa mientras los soldados persas se apiñaban a su alrededor, vitoreando.

Rostam llevó la piedra al espacio frente al pabellón de Kavus y allí la depositó.

“Aquí está su enemigo, oh mi rey. ¿Qué haremos con él?" dijo Rostam.

Kavus miró fijamente la gran roca, todavía asombrado por la hazaña de Rostam. “No estoy seguro de lo que debemos hacer. No tenemos ninguna magia demoníaca para convertirlo de nuevo en un hombre".

"Bien, entonces me ocuparé de él". Rostam se volvió hacia la roca. “Deshazte de este disfraz tonto y enfrenta tu destino como un hombre. Si no lo haces, conseguiré hachas y palancas y te convertiré en una gran pila de guijarros".

La roca se disolvió primero en niebla y luego se reformó como un hombre tembloroso vestido con una armadura.

Rostam lo agarró del brazo y lo arrastró frente a Kavus, diciendo: “¡Mire! ¡Aquí está esa roca, ese peñasco imponente, que se convierte en niebla cuando oye hablar de mi hacha!".

Kavus miró largamente al rey de Mazandaran y dijo: “No veo nada en ti que merezca un reino. No eres más que un cobarde que jugó a ser rey". Entonces Kavus se volvió hacia sus soldados. "Llévenselo y ejecútenlo".

Entonces, el rey de Mazandaran fue debidamente retirado del campamento y decapitado.

Kavus envió a algunos de sus soldados al campamento de Mazandaran para que se encargaran de que se recogiera y se amontonara el dinero, las joyas, las armaduras o las armas. Luego hizo que todos sus soldados vinieran a él uno por uno para recibir su pago, y a los que más habían sufrido, les dio más. Todos los demonios que se negaron a reconocer a Kavus como rey fueron tomados y ejecutados. Cuando terminó todo este trabajo, Kavus se fue del campamento y pasó una semana orando a Dios y agradeciéndole por su victoria. Al octavo día, convocó a todos los que pudieran necesitarlo y les dio generosamente de su tesoro.

Antes de regresar a casa, Kavus declaró una semana de regocijo.

“¡Que haya fiestas, música y danzas, y que el vino fluya libremente! Dios nos ha dado la victoria, ¡así que celebremos!" dijo.

Rostam fue hacia el rey durante una de las fiestas y le dijo: "Oh, mi rey, deseo hablarle de Olad".

"Sí, hábleme de él", dijo Kavus.

“Capturé a Olad y lo convertí en mi guía. Él fue fiel y nunca me engañó. Le debemos parte de nuestra victoria. Le prometí que podría ser rey de esta tierra si derrotábamos a Mazandaran, y me gustaría cumplir mi palabra".

“Sí, ciertamente debe cumplir su palabra. Traiga a Olad y a los ancianos y jefes de Mazandaran ante mí mañana, y le daremos a su amigo su recompensa".

Así, al día siguiente, los ancianos y jefes de Mazandaran juraron lealtad a Olad, y Olad fue coronado rey de Mazandaran, súbdito rey de Persia.

Cuando todo esto acabó, Kavus regresó a su reino.

Regreso a casa de Kavus y recompensa de Rostam

El ejército de Kavus marchó a casa, triunfante al son de los tambores y las trompetas. Cuando la gente vio que Kavus había regresado, salieron en tropel de la ciudad, vitoreando y cantando sus alabanzas. Todo el país se entregó al regocijo. Había música en todo lugar y la fiesta continuó durante toda una semana.

Lo primero que hizo Kavus cuando retomó su trono fue abrir la tesorería y dar sumas de dinero a todos los hogares de su reino. Para ello, nombró mensajeros y tesoreros especiales para asegurarse de que todos recibieran su parte. Para Rostam, había regalos especiales: una corona y un trono propios, hermosas sirvientas, caballos bien fuertes, hermosas ropas y joyas, y sacos de oro y perlas. Sin embargo, la mayor recompensa de todas fue el trono de Sistan.

Kavus coronó al propio Rostam, diciendo: "Solo un reino entero es recompensa adecuada por devolverme mi reino".

Cuando todas las festividades terminaron, Rostam regresó a Sistan, donde gobernó sabiamente.

Kavus, por su parte, impartió justicia y misericordia a su pueblo hasta el final de sus días.

Vea más libros escritos por Matt Clayton

Bibliografía

Anklesaria, Behramgore Temuras, trad. *Zand-Akasih: Iranian or Greater Bundahishn.* Bombay: n. p., 1956. Edición digital de Joseph H. Peterson, 2002.http://www.avesta.org/mp/grb.htm Consultado el 16 de diciembre de 2020.

Bleeck, Arthur Henry. *Avesta: The Religious Books of the Parsees.* 3 vols. Hertford: Stephen Austin, 1864.

Boyce, Mary, ed. y trad. *Textual Sources for the Study of Zoroastrianism.* Chicago: University of Chicago Press, 1984.

Citizen of Philadelphia, trad. *Bakhtiar Nameh, or The Royal Foundling: A Persian Story Exhibiting a Portraiture of Society in the East.* Philadelphia: Edward Parker, 1813.

Darmesteter, James, ed. y trad. *The Zend-Avesta.* 2nda edición. Oxford: Clarendon Press, 1895.

Eliade, Mircea. *Gods, Goddesses, and Myths of Creation: A Thematic Sourcebook of the History of Religion.* Parte I: *From Primitives to Zen.* Nueva York: Harper & Row, 1874

Ferdowsi, Abolqasem. *Shahnameh: The Persian Book of Kings.* Dick Davis, trad. Nueva York: Viking Penguin, 2006.

Keith, A. Barriedale y Albert J. Carnoy. *Mythology of All Races.* Vol. 6: *Indian and Iranian.* Boston: Marshall Jones Company, 1917.

Ouseley, Sir William. *Bakhtyar Nameh, or Story of Prince Bakhtyar and the Ten Viziers.* Londres: Wilson & Co., 1801.

Rogers, Alexander, trad. *The Shah-namah of Fardusi.* 2 vols. Londres: Chapman & Hall, 1907.

Sykes, Ella C. *The Story-Book of the Shah, or Legends of Old Persia.* Londres: John MacQueen, 1901.

Warner, Arthur George y Edmond Warner, trad. *The Shahnama of Firdausi.* 9 vols. Londres: K. Paul, Trench, Trübner & Co., Ltd., 1905.

West, Edward Wilson, trad. *Sacred Books of the East.* Vol. 5: *Pahlavi Texts,* Part I: *The Bundahis, Bahman Yast, and Shayast La-Shayast.* Oxford: Clarendon Press, 1880.

Wilson, Epiphanius. *Sacred Books of the East, Including Selections from the Vedic Hymns, the Zend-Avesta, the Dhammapada, the Upanishads, the Life of the Buddha, and the Koran.* Londres: The Colonial Press, 1902.

www.ingramcontent.com/pod-product-compliance
Ingram Content Group UK Ltd.
Pitfield, Milton Keynes, MK11 3LW, UK
UKHW022014190726
13853UKWH00005B/1927

9 798475 101261